王國良著

文史哲學集成

神異經研究

文史哲出版社印行

神異經研究 / 王國良著. -- 初版 -- 臺北市：
文史哲, 民 105.01 印刷
頁; 21 公分（文史哲學集成;121）
ISBN 978-957-547-327-3（平裝）

文史哲學集成 121

神異經研究

著　　者：王　國　良
出 版 者：文 史 哲 出 版 社
http:// www.lapen.com.tw
e-mail：lapen@ms74.hinet.net
登記證字號：行政院新聞局版臺業字五三三七號
發 行 人：彭　正　雄
發 行 所：文 史 哲 出 版 社
印 刷 者：文 史 哲 出 版 社
臺北市羅斯福路一段七十二巷四號
郵政劃撥帳號：一六一八〇一七五
電話886-2-23511028・傳真886-2-23965656

實價新臺幣二〇〇元

一九八五年（民七十四）三月初版
二〇一六年（民一〇五）一月（BOD）初刷

ISBN 978-957-547-327-3　00121

神異經研究 目次

上編 綜論

下編　校釋

南荒經

西南荒經

西荒經

西北荒經

北荒經

東北荒經

中荒經

佚　文

參考引用書目

上編　綜論

壹、前言

神異經是六朝志怪小說中很特別的一部書。它的份量不太多，卻把西漢武帝時的怪傑——東方朔，以及晉武帝時代最博學多聞的張華，一齊牽扯進去；它的內容模倣了山海經，專記海內外奇怪之事物，卻加進寓言諷世的成份。由於根據東方朔、張華二人早期的傳記資料，並不能證實他們與神異經有任何關係；而原書的記載，傳聞失實，誇誕無稽的地方，所在多有。因此，從南宋以來，一些藏書家與學者專家，大抵認定它是一部屬於後人僞託的志異類小說。但原作者、注釋者到底是誰？此書在何時撰成並且流傳於世？目前通行的版本，內容是否完整無訛？撰者寫作的眞正意圖何在？這些問題，並不單純。而目前研究此書的專著，既不多見，也未能找尋出令人感到滿意的結果。爲了比較澈底的解決有關的問題，本編擬就作者與注者、版本、內容三方面，予以個別探討，希望能夠提出稍微圓滿合理的答案。

貳、作者與註者考

一、有關作者、注者的意見

宋文帝元嘉六年（西元四二九年），裴松之完成了三國志注①。他在魏書卷四—三少帝紀注，首次正式引用東方朔神異經。其後，北魏酈道元（約西元四六〇年生，五二七年卒）②注水經，卷一河水注引張華敍東方朔神異經，卷十三㶟水注又引東方朔神異傳（經）；後魏賈思勰（約西元五五〇年前後在世）③撰齊民要術，第十卷共引神異經七次，未題撰者何人，但在「椰木」、「沛竹」兩則中，正文之外，並引用張茂先注。直到唐太宗貞觀年間，史臣纂隋書，經籍志史部地理類正式著錄：神異經一卷。東方朔撰、張華注。神異經一書的著作權、注釋權，首度在國家圖書目錄被肯定，因而成定局④。

今考班固漢書藝文志，其諸子略雜家類載有東方朔二十篇，未列細目⑤。又漢書東方朔傳，列舉東方朔著述，計有：答客難、非有先生論、封泰山、責和氏璧、皇太子生禖、屏風、殿上柏柱、平樂觀賦獵、八言七言上下、從公孫弘借車等。班氏並云：「凡（劉）向所錄朔書具是矣，世所傳他事皆非也。」蓋因「朔之詼諧，逢占、射覆，其事浮淺，行於衆庶。童兒牧豎，莫不眩耀，而後世好事者，因取奇言怪語附著之」⑥。班氏爲防止後人任意附會，特別詳細記錄了東方朔的生平事蹟與著作，以爲驗證的根據。不過，結果似乎不盡理想。

唐顏師古注漢書，在前引「世所傳他事皆非也」句下，注云：「謂如東方朔別傳及俗用五行時日之書，皆非事實也。」顏氏的說法，不見得正確⑦，卻反映出了後代附會之多，僞託東方朔著述層出不窮的實情。

西晉張華，學問淵博，子史、雜說、圖緯、方伎之書，無不詳覽。據晉書本傳及隋書經籍志所載，張氏著有文集十卷、博物志十卷。此外，隨志地理類多出神異經注一卷，雜家類又有張公雜記十一卷⑧。舊唐書經籍志雜傳類、新唐書藝文志小說類，則將隋志原題魏文帝所撰列異傳一書，改隸張華。宋代以後，附會張華撰或注解的書，更是有增無減⑨。

從上述的情形來看，東方朔與張華，無疑是被後代援引成箭垜式人物，奇書秘笈，往往借用他們的名義行世。因此，前代所傳東方朔撰神異經，張華作注的說法，其可靠性如何，難免令人無法輕易採信。南宋陳振孫直齋書錄解題卷十一小說家類，曾引漢書東方朔傳及贊，辨明神異經、十洲記二書，並非東方朔撰，乃後人假託也。元馬端臨文獻通考經籍考卷四十二，轉引陳氏解題，無所增益。明胡應麟四部正譌卷下云：「神異經、十洲記，俱題東方朔撰，悉假託也。其事實詭誕亡論，即西漢人文章，有此類乎？漢志有東方朔二十篇，列雜家，今不傳，而二書傳。甚矣，世好奇者衆也。」論斷比較簡略，卻也精要。

清代以後，考論神異經之撰者與注者的文字，屢見不鮮。其意見大致分爲贊成隋唐以前舊說、反對或懷疑舊說兩派。

清乾隆間，紀昀等撰四庫全書總目，卷一四二小說類「神異經」提要云：「神異經一卷（內府藏本）。舊本題東方朔撰。所載皆荒外之言，怪誕不經，共四十七條。陳振孫書錄解題，已極斥此書，稱東方朔撰、張茂先傳之僞。今考漢書朔本傳……。則朔書多出附會，在班固時已然。此書既劉向七略所不載，則其爲依託，更無疑義。晉書張華本傳，亦無註神異經之文，則併華註，亦似屬假借。振孫所疑，誠爲有見。然隋志載此書，已稱東方朔撰、張華註，則其僞在隋以前矣。觀其詞華縟麗，格近齊梁，當由六朝文士影撰而成，與洞冥、拾遺諸記並出。……」

稍後，王謨輯刻增訂漢魏叢書，神異經末有王氏跋語云：「右東方朔神異經一卷、十洲記一卷，隋志並入史部地理類，唐志並入子部神仙類。……謨謂朔之博物，雖能曉畢方、辨騶牙，初不若禹、伯翳之隨刊焚烈，徧歷九州；又不能與羨門、安期生之屬，憑虛御風，神遊六合。二者所托，皆似是而非也。善乎班史之論……。若此二書，明非朔所自撰，在當時固必有樂爲之傳會者。史家欲袪妄惑，絕異端，故詳著其說，且於本傳篇末，直斷之曰：『

凡劉向所錄朔書具是，世所傳他事非也。』……」

今人周次吉先生著有神異經研究一書。周氏亦引漢書東方朔傳、贊爲論辨的基礎，並指出在後漢許愼、鄭玄，西晉杜預，東晉郭璞諸人的著作中，皆未嘗引用神異經；又採裴啓語林記辛恭靜、司馬道子兩人引述東王公、西王母以相調戲事，作爲內在證據。因此，推論所謂東方朔神異經，不但不是兩漢作品，甚且非晉初著述，而是東晉末年，由某個方術之士寫下的⑩。

以上是屬於反對派的意見。另外一些學者認爲東漢末葉服虔注解左傳，既然引用過神異經，則此書最遲在漢靈帝時期已經出現了

清乾隆間，段玉裁著古文尚書撰異，卷一云：「……神異經疑是僞作，未必東方朔所爲，張華所注也。而服氏注左氏傳檮杌、饕餮，亦引神異經，則自漢有之矣。學者闕疑可也。」

清光緒中，陶憲曾撰神異經輯校。其自序云：「……神異經者，舊本題東方朔撰、張茂先注。漢志不載其文，隋書乃箸於錄，列之地理，以配山經。陳振孫辨之於前，孫志祖疑之於後⑪。……然而大宛之馬，已著於漢書；火山之鼠，足徵於魏志。玄獏齧鐵，證周書而益明；驩頭捕魚，校夏經而胥合。則又持之有故，言匪無稽者焉。是以子愼釋經，世期注史，賈思勰之要術，酈道元之水經，莫不采玆異聞，證彼故實。固不僅西海神童，左太冲因之作

賦；北荒明月，陸佐公取以爲銘。故知此書者，饌箸於兩漢，而流衍於六代，乃經史之考鏡，而辭賦之淵藪也。……」

近代胡玉縉著四庫提要補正，卷四二「神異經」條云：「案文十八年左傳『謂之渾敦』。孔疏云：『服虔案神異經云：「檮杌，狀如虎，毫長三尺，人面，虎足，猪牙，尾長丈八尺，能鬥不退。饕餮，獸名，身如牛，人面，目在腋下，食人。」』是其書自漢已有之，與漢書東方朔傳云：『後世好事者，取其奇言怪語，附著之朔』合。」

余嘉錫四庫提要卷十八「神異經」篇云：「案左傳文十八年正義曰：服虔案神異經云：『檮杌狀似虎，毫長二尺，人面、虎足、猪牙，尾長丈八尺，能鬥不退。……』此所引檮杌，在今本西荒經中，文字小異。……夫此經既爲服虔所引用，則至遲當出於靈帝以前。（後漢書虔本傳云：中平末，拜九江太守。）或且後漢初年，已有其書。班固所謂後世好事者，因取奇言怪語，附著之朔者也。若如提要之說，以爲格近齊梁，當爲六朝文士所作，則服子愼卒於漢末，安得豫引六朝之書乎？」

通觀諸家所論，對於東方朔撰神異經一事，幾乎完全採取否定的態度；而張華是不是曾作注，僅四庫館臣表示過意見。但此書出現在東漢時期，或是晉朝以後，則兩派相持不下。解決問題的關鍵，焦點似乎集中在左氏文公十八年傳孔穎達疏所引「服虔案神異經」一段上。

因此，服虔曾否見過並引用神異經，的確值得吾人進一步研究討論。

二、成書時代的考察

東漢中葉，許愼撰說文解字。安帝建光元年（西元一二一年），愼已病，由其子冲上書并獻說文解字。書云：「六藝群書之詁，皆訓其意。而天地鬼神、山川草木、鳥獸蚰蟲、雜物奇怪、王制禮儀，世間人事，莫不畢載。」今考說文所引群書及諸家說法甚多，卻未引東方朔說，而神異經所載的草木、鳥獸、雜物，以及不少罕見的字詞，也未曾收錄。許愼應該不曾見到這部書。

東漢末葉，服虔撰左氏傳解誼。今原書失傳。淸代學者喜事輯佚，袁鈞輯春秋傳服氏注、馬國翰、黃奭輯春秋左氏傳解誼，並收錄左氏文公十八年傳孔穎達疏所引「服虔案神異經」云云一段文字。淸朝以來的學者，大都相信服氏引用了神異經・西荒經的文字，解釋檮杌一詞。但左氏傳所提四凶中的渾敦、窮奇、饕餮，也分別見於神異經的西荒經、西北荒經、西南荒經，服氏卻不引，乃轉而援用山海經⑫。這種作法，頗令人不解。服虔到底有否看過神異經，並引用之以解釋左氏傳，單由唐代學者轉引的孤證就下論斷，似嫌輕率。

北魏酈道元水經注云張華敍東方朔神異經，賈思勰齊民要術引張茂先神異經注。張華（

二三二～三〇〇），字茂先。晉書卷卅六本傳謂他雅愛書籍，天下奇秘，世所希有者，悉在華所。由是博物洽聞，世無與比。茂先所藏秘笈，是否有東方朔神異經一書，並嘗抒其聞見，爲之作注，史無明文，不敢遽然肯定。然張氏編博物志，搜羅引用古籍甚夥，今可考者，有歸藏、左氏傳、韓詩外傳、周官、大小戴禮記、尙書考靈曜、尙書中侯、詩含神霧、孝經援神契、河圖玉板、河圖括地象、山海經、穆天子傳、逸周書、史記、神農本草經、孫子、晏子春秋、新書、淮南子、論衡、新論、典論等二十餘種，唯獨未引神異經，實在不可思議。

今天我們要確定茂先是否注過神異經，唯有從現存的注語追尋線索。西荒經第九則「鵠國人」，記西海鵠國男女身長七寸。文末有「華曰：陳章與齊桓公論小兒也。」此與太平御覽卷三七八引博物志佚文：「齊桓公獵得一鳴鵠，宰之，嗉中得一人，長三寸三分，着白圭之袍，帶劍持車，罵詈瞋目。後又得一折齒，方圓三尺。問群臣曰：『天下有此及小兒否？』陳章答曰：『昔秦胡充一擧渡海，與齊魯交戰，傷折版齒。昔李子敖於鳴鵠嗉中遊，長三寸三分。』」兩事可以互相發明印證。

西荒經第十則「率然蛇」，記西方山中蛇——率然，末有「茂先註云：會稽常山，最多此蛇。孫子兵法曰：『將之三軍，勢如率然』者是也。」與士禮居本博物志卷三：「常山之蛇名率然，有兩頭，觸其一頭，頭至；觸其中，則兩分（頭）俱至。孫武以喻善用兵者。」

兩則所記類似。

另外，博物志卷一記東方有沃燋，卷三有大宛國汗血馬、西域火浣布若汙，燒之卽潔等事，今本神異經所記相近而加詳焉。從以上條舉的資料，使我們相信張華與神異經可能存在某些關連。也許如南北朝、隋唐時代學者所說的，張氏曾注神異經；也許只是後人借用張華著述中的材料，以之注神異經。確實的情形如何，除非找到更多的證據，否則很難做判斷。

稍後，左思（約二五〇—三一〇）以十年時間構思，撰成三都賦。吳都賦云：「藹藹翠幄，嫋嫋素女。江妃於是往來，海童於是宴語。」文選卷五李善注，謂海童典故出自神異經。同時，木華海賦云：「若其負穢臨深，虛誓愆祈，則有海童邀路，馬銜當蹊。天吳乍見而髣髴，網像暫曉而閃屍，群妖遘迕。」文選卷十二李善注，引吳歌「仙人齎持何，等前謁海童」爲解。從左太冲、木玄虛的作品，我們似乎無法確定海童典據何書？

東晉初年，郭璞（二七六—三二四）撰江賦云：「海童之所巡遊，琴高之所靈矯。冰夷倚浪以傲睨，江妃含瀕而　眇。」從海童之巡遊一事，再對照北周庾信和李司錄喜雨詩所述海童與雨水的關係⑬，我們才能確知二人所謂的「海童」典故，正是出自神異經・西荒經第八則「河伯使者」。

另外，太平御覽卷九〇八引葛洪（二八四—三四三）⑭抱朴子佚文云：「劉子知二負之尸，東方生識啖鐵之獸，實賴烏禹之書，大荒之籍矣。」按：山海經序有「東方生曉畢方之名，劉子政辨盜械之尸」的說法；而葛洪所指啖鐵之獸，正見於神異經・中荒經第六則「齧鐵獸」。

從郭璞江賦的用典，以及葛洪抱朴子的引述，我們的推斷是：最遲在西晉末年，神異經卽已問世，並稍見流通⑮。此後，東晉顧凱之撰啓蒙記，有「如何隨刀而改味」之句⑯；劉宋初，裴松之注三國志，援引神異經以釋火浣布。等到北魏酈道元、賈思勰相繼引用，此書已南北並見流行了。

三、作者身份的推測

原撰作者的姓氏既無法確知，但其身份背景卻可以本書文字稍作瞭解。四庫館臣謂此書「詞華縟麗，格近齊梁，當由六朝文士影撰而成。」事實上，它的文字並未刻意修飾，毫無華麗的味道，而撰者恐怕也不是一位普通的文士。今考本書，如：

1東方荒外有豫章焉。此樹主一州，……南北並列，面向西南。有九力士操斧伐之，以占九州吉凶。斫之復生，其州有福；創者，州伯有病；積歲不復者，其州滅亡。（東荒經）

2東方有樹焉，……其名曰梨。其子徑三尺，剖之少瓤，白如素。和羹食之，爲地仙，衣服

不敗，辟穀，可入水火。（仝前）

3.東南方有人焉，周行天下。……朝呑惡鬼三千，暮呑三百。此人以鬼爲飯，以露爲漿，名曰尺郭，一名食邪，一名黃父。（東南荒經）

4.南方有人，長二三尺，……名曰魃。所見之國大旱，赤地千里。……遇之者，投著厠中乃死，旱災消也。（南荒經）

5.南方大荒有樹焉，名曰柤稼櫃。三千歲作華，九千歲作實。……實長九尺，圍如其長，而無瓤核，以竹刀剖之如凝蜜。得食，復見實，卽滅矣。（仝前）

6.南方大荒有樹焉，名曰如何。三百歲作華，九百歲作實。……實有核，形如棗子，長五尺，圍如長。金刀剖之則苦，竹刀剖之則飴，木刀剖之則酸，蘆刀剖之則辛。食之者地仙，不畏水火，不畏白刃。（仝前）

7.西北荒中有玉饋之酒，酒泉注焉。……飲此酒，人不生死，一名玉遺酒。（西北荒經）

8.西北荒中有小人焉，長一寸，圍如長。……人遇其乘車，抓而食之，其味辛楚。終年不爲蟲豸所咋，并識萬物名字，又殺腹中三蟲。（仝前）

9.北方荒外有石湖，方千里。……湖有橫公魚，長七八尺，形如鯉而目赤。晝在水中，夜化爲人。刺之不入，煮之不死；以烏枚二七煮之，則熟。食之，可止邪病。（北荒經）

10. 崑崙之山有銅柱焉，其高入天，所謂天柱也。圍三千里，圓周如削。下有回屋焉，壁方百丈，仙人九府治所，與天地同休息。男女名曰玉人，無爲配疋，而仙道成也。上有大鳥，名曰希有。……其喙赤，目黃如金。其肉苦鹹，仙人甘之，與天消息；不仙者食之，其肉苦如醷。（中荒經）

以上十則，顯然與神仙方術及陰陽災異有密切關係。又東荒經第七則，撰者還描述了佛經常提及的沃焦山之特異，可以看出佛教的一點影響。但從整部書的內容來看，儒家傳統忠孝節義、仁民愛物的思想，仍然佔有不少份量。因此，我們的看法是：作者可能是一位深受道教影響的儒生，或是一位長期浸淫在儒家思想中的方士。

【附　註】

①見三國志所附裴松之上三國志注表。

②酈道元生平見魏書卷八九、北史卷二七，僅載明卒於魏孝明帝孝昌年（五二七），今依本傳資料推測生年大概。

③賈氏生卒年，據吳承仕經籍舊音敍錄及余嘉錫四庫提要辨證卷十一「齊民要術」篇所考推算。

④隋書經籍志，或題魏徵撰，或題長孫無忌撰，蓋以二人監修故也。其書曾大量參考梁阮孝緒七錄，並綜合唐初的公家藏書目錄編成。神異經條目，是否沿用七錄資料，因阮氏書不傳，無從查證。

⑤王先謙漢書補注曾引周壽昌說：「本書朔傳注引劉向所錄云：朔之文辭，客難、非有先生論，此二篇最善。其餘有封泰山、責和氏璧及皇太子生禖、屛風、殿上柏柱、平樂觀賦獵、八言七言上下、從公孫弘借車，凡朔書具是矣。」又引葉德輝曰：「北堂書鈔百五十八引嗟伯夷，文選海賦注引對詔，藝文類聚災異部引旱頌，人部引誡子，凡四篇。」蓋二氏所列舉，俱在二十篇之中也。

⑥漢書卷六五東方朔列傳贊語。

⑦按：東方朔別傳，當成於魏、晉時別傳體盛行之際。又隋書經籍志子部五行類載東方朔占二卷、東方朔歲占一卷、東方朔占候水旱下人善惡一卷，東方朔曆一卷、東方朔書二卷、東方朔書鈔二卷，此類俗用五行時日之書，恐怕在東漢初葉班固撰漢書時尙未出現。

⑧隋書經籍志原注云：「與博物志相似，小小不同。」

⑨宋史藝文志地理類有異物評（誌）二卷，天文類有小象賦一卷、三家星歌一卷、玉函寶鑑星辰圖一卷，五行類有三鑑靈書三卷，並題張華撰。中興館閣書目小說類有張華注師曠禽經一卷。

⑩見周氏神異經研究第四章作者考。

⑪孫志祖讀書脞錄卷四云：「神異經題云東方朔撰，而中有張茂先語，豈別一人而非晉之司空邪？蓋後人僞託。」孫氏不諳神異經體例，故所作推論亦不足取。

⑫並見左傳注疏卷二十引。

⑬庾信詩見文苑英華卷一五三、庾開府詩集卷上、先秦漢魏南北朝詩・北周詩卷三。

⑭葛洪享壽，向來有六十一歲、八十一歲兩說。今採用陳國符道藏源流考，三洞四輔經之淵源及傳授一文中有關葛洪事蹟考證的推斷。

⑮江賦之撰成年代不能確考，蓋完成於東晉元帝太興間（西元三一八—三二一年）。抱朴子撰於東晉元帝建武元年（三一七年），見抱朴子自序；惟後日復有修改。

⑯原文見太平御覽卷九六一引。

叁、版本考

神異經的傳本，大概來說，可分成兩種形態。在印刷術盛行之前，它完全靠讀者抄寫而流傳。唐代以前，本書只有一卷本存在，唐代則以二卷本爲主①，北宋時期仍分二卷②，這些都屬於傳抄本。南宋初年，開始有一卷本刋行，並有學者加以選錄，編入叢抄之內。可惜早期內容完整的刋本，未見流傳；目前可見的版本，大都收在明、清所編的叢書中。比較重要的本子如下：

一、選錄本

1.類說本　南宋高宗紹興初年，曾慥取自漢以下百家小說，採掇事實，編纂成書，名曰類說。明刋本卷三七所選神異經文字，計有：「銀盤」、「花柳酒」、「天地長男宮」、「織女降」、「赤郭」等五則。按：「花柳酒」一則，標題當作「柳花酒」，今本誤。舊唐書卷一九七南蠻傳云：「訶陵國，在南方海中洲上居。……俗以椰樹花爲酒。」新唐書卷二二二（下）南蠻傳云：「訶陵，亦曰社婆，曰闍婆，在南海中。……以柳花、椰子爲酒，飲之輒醉，宿昔壞。」此事恐非晉朝以前人所能知悉。太平廣記卷四八二引「訶陵國」一則，注出神異錄。此乃唐代無名氏所撰廣德神異錄之簡稱。又「織女降」一則，記郭翰遇織女事，原文今詳載於太平廣記卷六八，注出靈怪集；集註分類東坡詩卷十九引，亦作靈怪集。原書撰者乃唐德宗貞元時代在世的張薦。以上兩則，若非曾端伯誤收，必是南宋初年所傳神異經內容已遭竄亂，非本來面目。

2.紺珠集本　不題編輯者名氏，或云朱勝非編。卷首有南宋紹興六年王宗哲序。其書皆鈔撮說部，摘錄數語，體例與類說相近。明刋本卷五選錄神異經文字，計有：「銀盤」、「（天地）長男宮」、「會風扇」、「牽牛郎何在」、「天酒」、「五色露」、「食邪」、「

飯鬼」八則。「會風扇」、「牽牛郎何在」，即類說之「織女降」；「食邪」、「飯鬼」，即類說之「赤郭」。皆一則分而爲二。所增出者，唯「天酒」、「五色露」二則。「五色露」，今見漢武帝洞冥記卷二，初學記卷二、太平御覽卷十二引，並云出洞冥記。今輯入神異經名下，係編者不愼之誤。

3.說郛本　元陶宗儀編。此書亦倣類說之例，節抄諸書，存其大概；篇幅小者，全部抄入。本書卷六五，摘錄神異經十五則。每則皆有標題，文字甚爲完整。其中，「誕」、「聖」、「山臊」、「河伯使者」四則，較其他通行本詳細。蓋雖係選錄，所據乃是宋、元善本。

二、輯刻本

1.漢魏叢書本　明萬曆間，新安程榮編印。此本所收凡四十九則。編排淩亂，毫無次序可言。原本同屬一篇的，往往分置兩處。例如：(1)第三則、第十二則、第二六則，並記南荒火山事，三國志・魏書三少帝紀裴注、藝文類聚卷八五、後漢書南蠻西南夷列傳李賢注、太平御覽卷八二〇所引，文字都很完整，此本卻分置三處。(2)第五則、第四十則，並記南方如何之樹，原屬同篇。(3)第六則、第三七則，並記梨之特徵及功用，亦屬同篇。(4)第七則、第三五則，並記東南荒邪木事，此本重複。(5)第二十則、第三四則，記玉饋（玉遺）酒、追復脯之事，原係一篇。⑹第三八則、第四六則，並記栗之特徵及功用，內容大同小異，原係一篇。⑺第四四則、第四八則，並記明月珠事，亦係同篇。此本皆將之分置兩處。至於第三一則，記西南大荒聖人及西北海外無路之人，本係二事，此本乃誤連爲一。

另外，第三九則「崑崙山奈」，今見拾遺記卷十，初學記卷二八、太平御覽卷九七〇引，並云出拾遺記。此本誤收。

綜合以上的考察，此本原收四十九則，扣除重複出現者八則，誤合者一則，誤收者一則，實際保存神異經文字僅四十一則。余嘉錫四庫提要辨證卷十八批評此本云：「全書不分篇目，殊少條理，又多所刪節，文義不完。疑是明人從類書輯出，僞充古書，而復耳目隘陋，挂漏宏多。」所論深中肯綮。

2.廣漢魏叢書本　明朝末年，武林何允中編印。分東荒經、東南荒經、南荒經、西南荒經、西荒經、西北荒經、北荒經、東北荒經、中荒經九輯，共六十三則③。余氏四庫提要辨證云：「每條首尾完具，以唐、宋類書所引校之，亦大抵相合。中有校語，自稱『墇案』，陶憲曾以爲朱謀墇是也。謀墇貫串群籍，著述至百二十種。（見明史寧王權傳。）其校此書，雖不甚詳，然僅注明異同，不輕改字。知其所據必是舊本，非如搜神記、述異記之類，出於抄撮者比也。」

今按此本所錄，雖頗有條理，然疑點亦復不少。例如：所收各則，內容仍有重複者；條目有分合不當者，安置失次者；篇目排列順序，可能與原書不符；經注文字，未能完全釐清；原書遺文，失收者多。（說詳下文「內容考」）然則此本是否經由朱謀㙔援據舊本，再取史記正義、太平御覽、太平廣記、說郛等參訂而成；抑係朱氏搜輯當日所見古注、類書等保存之神異經遺文，重加彙輯編校而成，猶未可知也。（請參見本編附錄：「廣漢魏叢書本系統出處參照表」）

3.格致叢書本　明萬曆三十一年，胡文煥輯印。此本據程氏漢魏叢書板片翻印，文字內容全同。

4.重編說郛本　明末陶珽重編，清順治三年李際期印行。此本據何氏廣漢魏叢書板片重印，內容完全相同，文字僅有極小之差異。如內文首葉「漢　東方朔著」下，漢魏本有「明孫士鑛閱」五字，此本則無校閱者姓名。西北荒經第五則「朱衣小人」，其「終年不爲蟲豸所咋」一句，「蟲豸」二字，漢魏本空闕一格，此本則補入「物」字。

5.四庫全書本　清乾隆間，四庫館臣據漢魏叢書本或格致叢書本傳抄，共四十九則④，內容與漢魏、格致本同。

6.增訂漢魏叢書本　清乾隆五十六年，王謨編印。此本據何氏廣漢魏叢書原板翻刻，內容完全相同，文字有些微之差異。首葉「漢　東方朔著」下，題「南豐趙秉清校」。書中「

玄」字，因避諱而改爲「元」或「𠂔」。正文旁，附加句號（。）或讀號（、）。內文稍有訛誤，如東荒經第九則「彊木」，「彊」訛作「疆」；東南荒經第五則「地戶」，「有榜著闕曰地戶」一句，此本「闕」誤作「關」；南荒經第七則「𤯷𤯹」，「是甘蔗能減多益少」一句，此本「減」誤作「滅」。若西北荒經第五則「朱衣小人」，其「終年不爲蟲豸所咋」一句，「蟲豸」二字，漢魏本空闕一格，此本補入「物」字，與重編說郛本相同。又書末附有王謨識語，據漢書東方朔傳、直齋書錄解題、四庫全書總目等，考論神異經及十洲之內容及眞僞問題等。今藝文印書館百部叢書集成本，據此本影印。

7.龍威秘書本　清乾隆五十九年，馬俊良輯印。此本據重編說郛板片翻印，內容全同。

8.百子全書本　清光緒年間，湖北崇文書局刋印。此本乃據增訂漢魏叢書本重刻。書前目錄部分，南荒經十二則（增訂漢魏本題十則）、西荒經題九則（增訂漢魏本題八則），總數爲五十八則，與實際數量六十三則仍不符。內文除了東荒經第五則「彊木」，改「疆」爲「彊」；東南荒經第五則「地戶」，改「有榜著關」之「關」爲「闕」外，其餘全同。

9.廣四十家小說本　題明顧元慶輯，民國四年，上海文明書局石印本。總計六十三則，屬於廣漢魏叢書本系統。今新興書局筆記小說大觀本，即據之影印。

三、校注本

1.神異經輯校　清陶憲曾撰。清光緒三十一年陶氏刋本。卷首有撰者自序、考證，並據北堂書鈔、藝文類聚、史記正義、開元占經、太平御覽、事類賦、集韻等書，輯得佚文九則。余嘉錫四庫提要卷十八云：「所校旁徵類書，頗爲詳密，然尙有遺漏。如北戶錄、說郛、太平廣記所引，皆未據校；卽太平御覽，亦檢閱未周，不知其前後互異。（御覽、廣記所引，書名多誤，不盡是本書，分別觀之可也。）又所據僅王謨重刻漢魏叢書本，未及博采異本，令人讀之，不能無憾。要其改正譌誤，分別經注，粲然可觀，固不可謂非是書之善本矣。」評語頗爲平允中肯。

2.神異經研究　周次吉著。民國六十六年，日月出版社排印本。本書共分：緒論、本經校訂、補遺、作者考、版本考、語體考、餘論等七章；書末附有語體索引、名物索引。本經校訂部分，著者以增訂漢魏叢書本作爲底本，參校說郛本、廣漢魏叢書本，並取齊民要術、三國志注、史記正義、毛詩注疏、文選注、太平御覽、太平廣記、廣韻、集韻等所引神異經文字，相互校正。遇有疑難之處，則援引相關資料，詳加考證疏釋。補遺部分，著者根據太平御覽、太平廣記、齊民要術三書，輯得本經佚文十則。周氏用力甚勤，考辨仔細。可惜所取以參校的古注、類書等，多所遺漏，因此在校勘上的證據稍嫌薄弱欠缺，也容易導致不正確的推斷。又將全書所謂的張茂先注，全部刪除，與本來流傳的原貌不符，亦欠考慮。大體來說，著者的確花了不少工夫來作整理探究，結果亦差強人意，仍有參考的價值。

【附註】

①隋書經籍志地理類著錄本書一卷；舊唐書經籍志地理類、新唐書道家類，並著錄一卷。唯藤原佐世編日本國見在書目錄地家類，仍著錄一卷。其書約編於唐昭宗大順二年（八九一）至乾寧四年（八九七）間，所記錄爲唐代東渡日本之書籍。由此可見唐代在二卷本以外，亦有一卷本流傳。

②北宋仁宗時王堯臣等編崇文總目，地理類及小說類並著錄神異經二卷。

③書前目錄所列，僅五十五則，與實際情形不符。

④四庫全書總目卷一四二「神異經」提要云：「共四十七條」。

肆、內容考

一、廣漢魏叢書本之實況

明朱謀㙔校訂過的廣漢魏叢書本神異經，余嘉錫在四庫提要辨證中，肯定它是出自舊本，而非抄撮而成。其後，重編說郛本、增訂漢魏叢書本、龍威秘書本、百子全書本、廣四十家小說本等，並據之翻印或翻刻。今經深入考察，此本所錄雖較完整，編排也稍有條理，然疑點及缺點仍多。茲將重大者，條舉如後：

㈠舊有張華序的缺脫。南宋高似孫史略卷六「山海經」條云：「……東方朔作神異經，張華箋之。華曰：『方朔周旋（一作巡）天下，所見神異，山海（經）所不載者，列之；有而不具其說者，列之。』」華曰云云，當卽舊本神異經的序文。北宋初僧贊寧筍譜云：「東方朔著神異經，記周巡天下所見。山海經所不載者，列之；雖有而不論者，亦列之。」亦隱括原序而爲說。可見原本有序，今本不見序文，顯然係缺脫。

㈡篇目排列上的疑惑。本書分爲：東荒經、東南荒經、南荒經、西南荒經、西荒經、西北荒經、北荒經、東北荒經、中荒經，各經有若干則，安排次序，井然有條，與山海經・大荒經編排的方式，大致相同①，與淮南子墬形篇所敍述的大九州方位，也相似②。但是山海經的其他部份，山經以南、西、北、東、中的方位排列，海外經、海內經，應以南、西、北、東的方位排。神異經固然是模倣山海經而編，原來採取的方位秩序如何？殊難確定。此其一。本書中荒經第三則「天地之宮」，記四方宮殿事，方位順序是：東、西、中、南、北、東南、西北；第四則「山中宮墻」，記四方名山宮墻，方位順序是：東、西北、南、西南、東南、西。資料雖不完整，方位大致是以東、西、南、北爲排列原則，與本書次序不合。此其二。

㈢條目安置上的瑕疵。本書既以方位所在爲分篇之準則，但是各篇之下所容納的條目，却極不平均。南荒經十二則，東荒經、中荒經各十一則，西荒經十則，西北荒經六則，東南荒經五則，北荒經四則，西南荒經三則，東北荒經僅有「栗木」一則，且與東荒經第十則重複。其實仔細分辨，東方經第六則「桃樹」，其「東方」二字，齊民要術卷十、太平御覽卷九六七引，並作「東北方」，宜入東北荒經。又第十一則「建春山橘柚」，其「東方」二字，御覽卷九六六、事類賦卷二七引，並作「東南」，可能原屬東南荒經。東南荒經第一則「尺郭」，其「東南方」三字，初學記卷二六、事類賦卷十八引，並作「東方」；太平廣記卷四八二、類說卷三七、紺珠集卷五引，則並云「南方」，莫衷一是。南方經第十二則「銀山」，其「南方」二字，藝文類聚卷八三、海錄碎事卷十五引，並作「西南」，宜入西南荒經。西南荒經第三則「訛獸」，其「西南荒」三字，說郛卷六五作「西方大荒」，難定是非。西北荒經第四則「天門」，其「西北荒」三字，太平御覽卷八一一、事類賦卷九、類說卷三七、紺珠集卷五引，並作「北荒」，與陸倕石闕銘所說的「北荒明月」合，似宜歸入北荒經。中荒經第六則「齧鐵獸」云：「南方有獸焉……」，揆之全書分篇體例，似宜入南荒經；又第九則「猺獸」云：「北方有獸焉……」，宜入北荒經；第十則「綢獸」云：「西方深山有獸焉……」，宜入西荒經。總之，本書分篇，標準不一，未盡精確處，亦顯然可見，是否源自舊本，不無可疑。

㈣條目分合未盡恰當。南荒經第三、第八、第十一等三則，並記南方火山事，原屬一篇，本書分置三處。西荒經第二、第六兩則，並記西荒檮杌，今分置二處。中荒經第一、第二兩則，記崑崙山天柱事，今分置二處。又第五、第七兩則，並記鬼門事，今分置二處。至於北荒經第一則，記棗林及橫公魚事，原爲兩篇，今乃誤合爲一。③若是出自舊本，理當不會有上述的情況出現。

㈤經注未能完全釐清。從北宋以下，物類相感志、太平御覽、太平廣記等所引本書，正文與注混淆的情形，已不在少數；說郛卷十六所抄錄亦然。明萬曆時，朱謀㙔輯校本書，雖已稍作分辨，猶未能盡善。一直到清光緒年間，陶憲曾始以考證學的角度，重加釐析，務使經注分明。蓋猶乾隆時代，全祖望、趙一清、戴震等人整理水經注，嘉慶、道光間，顧廣圻、吳若準整治洛陽伽藍記之遺意。今列舉此本經、注相混者數條，以見大概。

(1)東荒經第六則「桃樹」，篇末「小桃溫潤，嘅嗽人食之，卽止」一句，與上文「食核中仁，可以治嗽」，語意重複，當是注。

⑵東南荒經第二則「邪木」，在「一名無葉」下，有「世人後生不見葉，故謂之無葉也」一句，其爲注文無疑。

⑶東南荒經第三則「樸父」，其「古者（天）初立……」一段，共五十字，與前半段語意重複，當是注文。

⑷南荒經第九則「細蟣」，在「因曰細蟣」下，有「陳章對齊桓公小蟲是也」一句，當係注語。西荒經第九則「鵠國人」，篇末有「華曰：陳章與桓公論小兒也」一句，此本正作小字注，可證。

⑸南荒經第一則「鴅兜」，在「一名鴅兜」下，有「書曰：放鴅兜于崇山」一句；又第二則「旱魃」，在「旱災消也」下，有「詩曰：旱魃爲虐」一句。西南荒經第二則「饕餮」，在「名曰饕餮」下，有「春秋言：饕餮者，縉雲氏之不才子也」一句。西荒經第一則「渾沌」，在「名爲渾沌」下，有「春秋云：渾沌，帝鴻氏不才子也」一句；又第二則「檮杌」，在「名檮杌」下，有「春秋云：顓頊氏有不才子，名檮杌是也」一句；又第三則「苗民」，在「名曰苗民」下，有「春秋所謂三苗，書云：竄三苗于三危」一句。西北荒經第二則「共工」，在「名曰共工」下，有「書曰：流共工於幽州。幽州，北裔也，而此言西北方，相近也。皆西裔之族耳」一段。以上所舉，「書曰」、「詩曰」、「春秋云」

等等，都是注語。

㈥佚文失收者尚多。除了本書所見各則，今據北堂書鈔、藝文類聚、一切經音義、開元占經、史記正義、太平御覽、太平廣記、事類賦等書，尚可輯得神異經遺文十則（詳見後文及本書下編：校釋之「佚文」篇）。然則今日通行者並非足本，已無疑義。

二、有關佚文的一些問題

明朱謀㙔以水經注、齊民要術、史記正義、太平御覽、太平廣記、說郛等書為主，搜集神異經文字，彙編成書，用力頗勤，較之程榮刻漢魏叢書本，稍稱周備。何允中據之，刻入廣漢魏叢書內。然其遺漏者，亦所在多有。

清陶憲曾嘗據北堂書鈔、藝文類聚、開元占經、史記正義、太平御覽、事類賦、集韻諸書，輯得佚文，計有：「鯀」、「委貌冠」、「狂人」、「礋硑」、「西北荒石室」、「飲甘露」、「獬豸」、「石鼓」、「毛人」等九則。今見神異經輯校卷首。

今人周次吉先生，根據齊民要術、太平御覽、太平廣記三書，亦輯得佚文十則，收入所著神異經研究第三章「補遺」之內。其第一則「玉桃」，注出齊民要術卷十。唯據四部叢刊本齊民要術，實見神農經；又太平御覽卷九六七、事類賦卷二六引，亦云出神農經。顯係周氏誤輯。第八則「崑崙玉樓」，今見海內十洲記，藝文類聚卷七八引，亦云出十洲記；太平御覽卷六七四引，誤連前頭所引神異經「崑崙天柱」條，遂題「又曰」二字，使人相信亦出神異經，不可從。其第九則「金銀槃」，已見西北荒經第四則。第十則「建春山美甘」，卽東荒經第十一則，唯「東方裔外」四字，此作「東南外」而已。剔除以上誤輯、重出的四則，其餘六則，已悉數見於陶氏輯校本。④

陶、周兩家所輯佚文中，並錄入太平御覽卷九八九所引「西北荒有人，飲甘露，食茯苓」一段文字。取之與西北荒經第六則「無路之人」相比校，「飲甘露」卽「飲天酒」（張華注云：天酒，甘露也。）唯多出「食茯苓」三字而已。再者，今據一切經音義卷十二、太平御覽卷一八一，尚可輯出「惡物」、「西北百屋」兩則。

另外，白氏事類集（通稱六帖）卷二一引「蹄羌國人」一則，注出神異經。然太平廣記卷四八二引之，則云出博物志。今檢閱士禮居本、百子全書本博物志，並未見此文。究竟屬於何書，殊難確定。

太平御覽卷四一載「虞洪採茗」一則，注出神異經。唯據茶經、太平御覽卷八六七、太平寰宇記卷九八所引，並云出王浮神異記。故知御覽卷四一題作神異經，「經」字乃「記」字之誤。又太平御覽卷七一七、分類補注李太白詩卷二五，載「鏡化鵲」一事，並云出自神異經。今觀其內容，與神異經他文不類，疑出廣德神異錄，或係王浮神異記之誤，因無旁證，姑且存疑。

太平廣記引書，神異記、神異經、神異錄三種，僅一字之差，最易相混。今檢所題出神異經者，卷二六八第十則「酷吏」，記唐武則天時來俊臣暴虐事；卷四〇〇第二則「翁仲孺」記漢時窮人翁氏得金事，今見任昉（？）述異記卷下；卷四八二第十八則「墮婆登國」，記今南海群島一帶小國風俗。同卷第二十則「訶陵國」，其國與墮婆登接鄰，行文相似，注出神異錄。以彼證此，可知兩事俱出廣德神異錄（省稱神異錄）無疑。墮婆登國，詳見舊唐書卷一九七、新唐書卷二二二下南蠻傳，所載事與太平廣記大同小異。

至於類說卷三七誤引「柳花酒」、「織女降」二則，紺珠集卷五誤引「會風扇」、「牽牛郎何在」⑤、「五色露」三則，並詳上文版本考，茲不贅述。

總之，經過一番詳細的考辨剔清，最保守的估計，目前所知的神異經佚文，應有十則之多。

三、全書資料特色之探討

(一)創作的素材

僧贊寧筍譜云：「東方朔著神異經，記周巡天下所見。山海經所不載者，列之；雖有而不論者，亦列之。」這是根據早期傳本所保留的神異經序而立論（說見上文）。由此，我們不難瞭解山海經與本書的關係。從全部內容來看，撰者在寫作過程，雖曾參閱了尙書、左傳、呂氏春秋、淮南子等古籍，而山海經則是敍述遠方異物的藍本，再加上作者的見聞與想像，就形成了目前我們所見的一部神異經。

以下先就本書與舊籍相關的部分，舉例加以說明。

⑴東荒山中有大石室，東王公居焉。長一丈，頭髮皓白，鳥面人形而虎尾。載一黑熊，左右顧望；恒與一玉女更投壺。……（東荒經）

按山海經卷二西山經云：「……玉山，是西王母所居也。西王母其狀如人，豹尾虎齒而善嘯，蓬髮戴勝，是司天之厲及五殘。」又卷十六大荒西經云：「西海之南，流沙之濱，赤水之後，黑水之前，有大山，名曰昆侖之丘。……有人，戴勝，虎齒，有豹尾，穴處，名曰西王母。」以上兩則，蓋卽東王公造形之所仿。

⑵南方荒中有人焉，人面鳥喙而有翼，手足扶翼而行，但食海中魚，名曰鴅兜，一名驩兜。……（南荒經）

按山海經卷六海外南經云：「讙頭國在其南。其爲人人面有翼，鳥喙，方捕魚。……或曰讙朱國。」又卷十五大荒南經云：「大荒之中，有人名曰驩頭。……驩頭人面鳥喙，有翼，食海中魚，仗翼而行。」鄒漢勛讀書偶識卷二云：「驩兜（舜典、孟子）、驩頭、驩朱（山海經）、鴅吺（尚書大傳）、丹朱（益稷），五者一也，古字通用。」神異經的敘述，大抵本之山海經。

(3)西南方有人焉，身多毛，頭上戴豕，性狠惡，好息積財而不用，善奪人物，彊毅者奪老弱者，畏群而擊單，名曰饕餮。……一名貪惏，一名彊奪，一名凌弱。（西南荒經）

按山海經卷三北山經云：「……鉤吾之山，其上多玉，其下多銅。有獸焉，其狀如羊身人面，其目在腋下，虎齒人爪，其音如嬰兒，名曰狍鴞，是食人。」郭璞注云：「為物貪惏，食人未盡，還害其身。像在夏鼎。左傳所謂饕餮是也。」狍鴞形象，與神異經之饕餮不類。左氏文公十八年傳云：「縉雲氏有不才子，貪于飲食，冒于貨賄，侵欲崇侈，不可盈厭，聚歛積實，不知紀極，不分孤寡，不恤窮匱。天下之民，以比三凶，謂之饕餮。」此段方是神異經所本。

(4)西方荒中有獸焉，其狀如虎而大，毫長二尺，人面，虎足，猪口牙，尾長一丈八尺，攪亂荒中，名曰檮杌。（西荒經）

△西荒中有獸，狀如虎，豪長三尺，人面，虎足，猪口牙，尾長一丈八尺，名曰檮杌。

人或食之。獸鬥，終不退却，唯死而已。……（同前）

按：以上兩則，原係同篇，今分而爲二。山海經卷三北山經云：「……北囂之山，……有獸焉，其狀如虎而白身，犬首，馬尾，彘鬣，名曰獨猲。」其形狀稍近。左氏文公十八年傳云：「顓項有不才子，不可教訓，不知話言。告之則頑，舍之則嚚，傲狠明德以亂天常。天下之民，謂之檮杌。」此蓋亦神異經所本之一。

⑸西北有獸焉，其狀似虎，有翼能飛，便勦食人。知人言語。聞人鬥，輒食直者；聞人忠信，輒食其鼻；聞人惡逆不善，輒殺獸往饋之，名曰窮奇。（西北荒經）

△窮奇，似牛而狸尾，尾長曳地；其聲似狗，狗頭人形，鈎爪鋸牙。逢忠信之人，齧而食之；逢姦邪者，則捕禽獸而飼之。（物類相感志卷十、錦繡萬花谷卷三七引神異經）

按：以上兩則，詳略不同，內容亦異，俱有所承。山海經卷二西山經云：「邽山。其上有獸焉，其狀如牛，蝟毛，名曰窮奇，音如獆狗，是食人。」與物類相感志引文相似。又卷十二海內北經云：「窮奇狀如虎，有翼，食人從首始。」其說與今本神異經較接近。又左氏文公十八年傳云：「少皡氏有不才子，毁信廢忠，崇飾惡言，靖譖用回；服讒蒐慝，以誣盛德。天下之民，謂之窮奇。」其說對神異經窮奇的特性，也有影響。

另外，有一些篇章，雖與舊籍無直接關係，但在內容或形式上，相信也曾得到某些啟示。

例如：

(1)東南有石井焉，其方百丈，上有二石闕俠東南面，上有蹲熊，有榜著闕，題曰地戶。（東南荒經）

(2)西北荒中有二金闕，高百丈，上有銀盤，圍五十丈。二闕相去百丈，上有明月珠，光照千里。中有金階，西北入兩闕中，名曰天門。（西北荒經）

(3)東北有鬼星石室，三百戶共一門，石牓題曰鬼門。晝日不開，至暮卽有人語，有火，青色。（中荒經）

按：古以西北爲天門，東南爲地戶，西南爲人門，東北爲鬼門。意林、太平御覽卷三六引論衡佚文云：「天門在西北，地戶在東南。」周禮注疏卷八引河圖括地象曰：「天不足西北，地不足東南。西北爲天門，東南爲地戶；天門無上，地戶無下。」無名氏黃帝宅經卷下云：「坤位人門，艮位鬼門。」坤位在西南，艮位在東北。上引三則，恐怕受到陰陽圖緯之類書籍的影響。

(4)南方有人，長二三尺，袒身而目在頂上，走行如風，名曰魃。所見之國大旱，赤地千里。一名旱母，一名狢。善行市朝中，遇之者，投著廁中，乃死，旱災消也。（南荒經）

按山海經卷十七大荒北經云：「有人衣青衣，名曰黃帝女魃。蚩尤作兵伐黃帝，黃帝乃令應龍攻之冀州之野。應龍畜水，蚩尤請風伯、雨師，縱大風雨。黃帝乃下天女曰魃（以止雨）。雨止，遂殺蚩尤。魃不得復上，所居不雨。叔均言之帝，後置之赤水之北。……魃時亡之。所欲逐之者，令曰：『神北行！』先除水道，決通溝瀆。」此係有關旱魃的傳說，神異經所載，又從之衍化而來。

(5)北海有大鳥，其高千里，頭文曰天，胸文曰鷃，左翼文曰鷟，右翼文曰勒；左足在海北涯，右足在海南涯。其毛蒼，其喙赤，其脚黑，名曰天鷄，一名鷟勒。……（北荒經）

(6)不孝鳥，狀如人身，犬毛，有齒，猪牙，額上有文曰不孝，口下有文曰不慈，鼻上有文曰不道，左脅有文曰愛夫，右脅有文曰憐婦。……（中荒經）

按山海經卷十八海內經云：「有鸞鳥自歌，鳳鳥自舞。鳳鳥首文曰德，翼文曰順，膺文曰仁，背文曰義，見則天下和。」以上兩則，在敘述的方式上，顯然受到山海經的啟示。

至於東荒經第二則「善人」、西南荒經第一則「聖人」、西南荒經第三則「訛獸」、西北荒經第六則「無路之人」、中荒經第十一則「不孝鳥」，都以擬人化的筆法，敘述抽象的事物，具有寓言文學所特有的贊歎或嘲諷的味道，乃是作者匠心獨運之處了。

(二)內容的分析

廣漢魏叢書本系統的神異經，雖按東、東南、南、西南、西、西北、北、東北、中等方位，分成九個單元；內容則人神、鬼怪、蟲魚、鳥獸、草木等，百物雜陳。今剔除複見者，再加上佚文十則，稍作分類處理。其性質可分屬兩類者，則互見焉。

1. 神話、傳說　東荒1、東荒3、東荒8、東南荒3、南荒1、西南荒2、西荒1、西荒2、西荒3、西荒6、西北荒1、西北荒6、北荒4、中荒9、佚文2、佚文10。

2. 民間信仰

(1)神仙　東南荒1、中荒1、中荒2、中荒4、佚文2、佚文6。

(2)鬼怪　南荒2、西荒7、中荒5、中荒7、佚文4。

(3)其他　東荒3、東南荒5、西荒8、西北荒4、中荒3。

3. 道教

(1)服食　南荒4、西北荒3、西北荒5、北荒1。

(2)昇仙　東荒5、南荒5。

4. 佛教　東荒7、西南荒1。

5. 風土民情　東荒2、西南荒1、西南荒3、西荒9、西北荒2、西北荒6、中荒11、佚文1、佚文9。

6. 萬物性理

(1)日用　東荒4、南荒10、北荒3、東北荒1。

(2)醫療食補　東南荒2、北荒3。

(3)特殊功能　東荒9、南荒3、西荒10、北荒4、中荒6、中荒8、佚文5、佚文8。

(4)其他　南荒9、西荒4、中荒10、佚文3。

7. 雜說　東荒11、南荒12、西荒5、佚文7。

【附註】

①大荒經，分爲大荒東經、大荒南經、大荒西經、大荒北經。

②淮南子卷四墬形訓云：「天地之間，九州八極。……何謂九州？東南神州曰農土，正南次州曰沃土，西南戎州曰滔土，正西弇州曰幷土，正中冀州曰中土，西北台州曰肥土，正北濟州曰成土，東北薄州曰隱土，正東陽州曰申土。」

③按：兩事相銜接，可能是刊刻者疏失而誤合。

④「毛人」一則，周氏據太平御覽卷七九〇、太平廣記卷四八〇引文輯入，較之陶氏僅據集韻卷二節引者，文字

增出甚多。

⑤海錄碎事引此則，亦題出神異經，正沿紺珠集之誤。

伍、結語

所謂東方朔神異經，並非西漢時代的作品，而是魏、晉時期的產物。作者是一位見聞廣博，對當世之習俗風尚多所感慨的一位文士或者方士。此書在西晉末、東晉初，稍見流通，文人學者開始援引；南北朝時，則甚通行，著書撰文，並以之爲典據。

目前通行的傳本，不論是程榮漢魏叢書系統，或是何允中廣漢魏叢書系統，都是明代學者搜羅遺文，重加輯校而成，實非宋、元以前的舊本。因此，各本的內容都不夠完整，經注每有混淆之處，佚文亦復不少，不宜輕信。

明萬曆前後在世的朱謀㙔，實在是使本書重復舊觀、流行後代的功臣，值得表揚。

附錄：廣漢魏叢書本系統出處參照表

篇目	古注類書等引本經	其他相關資料
東荒經		
1. 東王公	書鈔152、類聚17、文選注7、御覽13、373、753、說郛65	
2. 善人	御覽391、說郛65	
3. 豫章樹	御覽957、廣記407、大典14537	相感志13（未注出處）
4. 扶桑	類聚88、御覽955、973、廣記407、淵海95	
5. 梨樹	要術10、類聚86、御覽969、廣記410、事類賦26、淵海92	相感志13（未注出處）
6. 桃樹	要術10、御覽967、廣記410	
7. 焦炎山		相感志3（未注出處）
8. 玉雞		相感志7（未注出處）
9. 彊木		相感志13（未注出處）
10. （栗木）	要術10、御覽964、淵海92、說略27	相感志13（未注出處） 廣記411（西陽雜俎）
11. 建春甘橘	類聚86、初學記28、御覽966、973、淵海92、萬花谷後集38	

東南荒經			
1.	尺郭	書鈔144、初學記26、御覽12、377、850、861、918、廣記482、事類賦18、類說37、紺珠集5、說郛65	相感志6（未注出處）
2.	邪木	要術10、類聚87、御覽972、廣記410	相感志13（未注出處）
3.	樸父	初學記19、御覽377、說郛65	
4.	溫湖	書鈔156、初學記7、御覽34、66、937、事類賦29	相感志17（未注出處）廣記464（酉陽雜俎）
5.	地戶	類聚62、御覽179、184、分門集註杜工部詩11	
南荒經			
1.	驩兜	史記正義1、御覽790、說郛65	
2.	旱魃	毛詩注疏18、類聚100、御覽883、淵海5、說郛65	相感志6（未注出處）
3.	火鼠	三國志注4、水經注13、類聚85、一切經音義15、42、文選注28、後漢書注86、初學記20、御覽820、869、廣記407	
4.	柤榢櫃樹	要術10、御覽969、廣記410、集韻9、淵海92	相感志13（未注出處）

5.	如何樹	北戶錄2、御覽345、961、廣記410、事類賦24、淵海1	相感志13（未注出處）
6.	沛竹	要術10、初學記28、筍譜1、御覽963、廣記412、廣韻1、集韻1	相感志13（未注出處）
7.	⿰甘干⿰甘庶	類聚87、御覽974、廣記412、淵海92	相感志12（未注出處）
8.	（火鼠）	三國志注4、水經注13、類聚85、丈選注28、後漢書注86、初學記20、御覽820、869、廣記407	
9.	細蠛	類聚97、御覽945、廣記479	
10.	無損獸	書鈔144、146、初學記26、御覽913	相感志9（未注出處）
11.	（火鼠）	三國志注4、水經注13、類聚85、文選注28、後漢書注86、御覽820、869、緯略4	
12.	銀山	類聚83、御覽812、海錄碎事15	
	西南荒經		
1.	聖人	類聚20、初學記19、御覽377、401、797、931、說郛65	相感志5（未注出處）
2.	饕餮	史記正義1、說郛65	
3.	訛獸	說郛65	相感志9（未注出處）

西荒經			
1.	渾沌	史記正義1、御覽913、緯略11、說郛65	
2.	檮杌	左傳注疏20、史記正義1、御覽913、緯略11	相感志10（未注出處）
3.	苗民	史記正義1、御覽790、廣記482	
4.	獏獡	書鈔160、御覽375、908、951	相感志6（未注出處）
5.	金山	御覽811、813、廣記400	
6.	（檮杌）	左傳注疏20、史記正義1、御覽913、緯略11	相感志10（未注出處）
7.	山臊	玉燭寶典1、珠林42、荊楚歲時記註、六帖1、御覽29、883、集韻3、說郛65	
8.	河伯使者	御覽11、事類賦3、說郛65	相感志6（未注出處）
9.	鵠國人	類聚90、初學記19、六帖7、29、相感志4、御覽378、797、916、廣記480、淵海97、說郛65	
10.	率然蛇	廣記456	
西北荒經			

1.	窮奇	史記正義1、相感志10、御覽913、緯略11、萬花谷37	
2.	共工	史記正義1、說郛65	
3.	玉饋追復	書鈔26、145、148、類聚72、初學記26、御覽759、845、862、廣記480、事類賦17	相感志3（未注出處）
4.	天門	類聚62、73、文選注56、六帖4、御覽179、758、811、類說37、紺珠集5	
5.	朱衣小人	初學記19、六帖7、御覽378	相感志6（未注出處）廣記482（博物志）
6.	無路之人	書鈔148、類聚72、珠林8、初學記2、19、御覽12、377、845、事類賦3、紺珠集5	
北荒經			
1.	棗林	要術10、類聚87、御覽965、廣記410、事類賦26、政和證類本草23	
2.	橫公魚	書鈔155、類聚86、珠林37、初學記7、北戶錄1、御覽23、66、940、970、廣記464、事類賦26、大典2257	相感志17（未注出處）

3.	磎鼠	書鈔134、145、156、類聚5、95、初學記3、7、26、29、六帖1、相感志10、御覽34、68、708、862、911、廣記440	
4.	天鷄	御覽927、廣記463	相感志7（未注出處）
東北荒經			
1	栗木	要術10、御覽964、淵海92、說略27	相感志13（未注出處）、廣記411（酉陽雜俎）
中荒經			
1.	崑崙天柱	水經注1、類聚7、78、御覽38、187、674、927、事類賦1、說郛65	初學記26、御覽863（十洲記）、相感志8（未注出處）
2.	（玉人）	御覽187、說郛65	
3.	天地之宮	類聚62、初學記24、御覽173、類說37、紺珠集5、淵海8、草堂詩箋7	
4.	山中宮墻	書鈔160、初學記10、24、淵海8、海錄碎事4下	初學記27、御覽812（十洲記）
5.	鬼門	珠林10、御覽183、883	

6.	齧鐵獸	相感志10、御覽813、913、廣韻5、續一切音義9	
7.	（鬼門）	珠林10、御覽883	
8.	大宛馬	類聚93、御覽897、分門集注杜工部詩16、23	相感志7（未注出處）
9.	猛獸	御覽913、緯略1、草堂詩箋10、事物紀原10	
10.	網獸	史記索隱117、御覽913	相感志10（不注出處）
11.	不孝鳥	一切經音義42、御覽927	

下編　校釋

凡例

一、本編係以何氏廣漢魏叢書所收神異經爲底本，其他版本爲輔，並用古注、類書等參校。

一、諸書引文足以訂正底本之誤者，則多加採摭；若底本不誤，而他書反誤者，概未錄入；倘文字有異，而義可兩通，則酌予徵引。

一、篇章重複，經考證確定者，加（）號以示删除之意；其文字闕脫，經改訂增補者，則加〔〕號以資識別。

一、罕見生僻字詞，未必皆能尋得舊籍之有關釋說；疑惑難明之處，或就個人所知，略加詮解。

一、佚文亦加讎校疏釋，附諸編末。

東荒經

1東荒山中有大石室，東王公居焉。長一丈，頭髮皓白，鳥面人形①而虎尾，載一黑熊②，左右顧望。恆與一玉女（更）③投壺，每投千二百矯。④設有入不出者，天爲之噫嘘。華曰：嘆也。⑤矯出而脫悞不接者，言失之。天爲之笑。華云：言笑者，天口流火炤灼。今天上不雨而有電光，是天笑也。⑥

①「鳥面人形」，原作「人形鳥面」，今依藝文類聚（以下簡稱類聚）卷十七引文乙倒。太平御覽（以下簡稱御覽）卷三七三作「身人形」。

②載，猶戴也。此謂戴黑熊於頂上，蓋古代圖騰之遺象。

③「更」字，據類聚卷十七、御覽卷三七三、集韻卷三引文補。更，遞迭、輪流之意。文選卷七甘泉賦注引作「共」。

④原本有「墉按：仙傳拾遺『矯』字作『梟』。」雙行夾注。集韻卷三宵韻：「矯，矢躍出也。」西京雜記卷六：「武帝時，郭舍人善投壺，以竹爲矢，不用棘也。古之投壺，取中而不求還，故實小豆，惡其矢躍而出也。郭舍人則激矢令還，一矢百餘反，謂之爲驍，言如博之擧梟於掌中爲驍傑也。」說文通訓定聲小部第七：「梟，叚借爲驍、爲勢、爲豪。」

⑤「華曰嘆也」四字，說郛卷六五作「上⿰口醫下嘘，言用以嘘嘘然笑也。」集韻卷一之韻：「⿰口醫嘘，開口笑也。」按：⿰口醫，蓋即譩、噫之或體字。⿰口醫嘘，猶噫乎，嘆息聲也。又太平廣記（以下簡稱廣記）卷一引仙傳拾遺作「嚂，呼監切。嚂嘘者，言開口而笑也。」

⑥「華云……」一句，御覽卷十三作「開口流光，今電是也」；又卷七五三作「天笑者，開口流光」。今注文作「天口流火」，不確，當正。

2.東方有人焉，男皆朱衣縞帶玄冠，女皆采衣。男女便轉①可愛，恆分坐②而不相犯，相譽而不相毀。見人有患，投死救之，名曰善③，俗云士人。一名敬，俗云敬謹。一名美。俗云美人。不妄言，⿰口果⿰口果然而笑④；倉卒見之，如癡。俗云善人如癡，此之謂也。⑤

①便轉，猶便姸、便娟、便嬛，美姿容也。

②「分坐」，原作「恭坐」，據說郛卷六五引文校改。

③「善」，原作「善人」，據說郛卷六五引文刪「人」字。

④⿰口果，龍龕手鑑卷二口部云：「俗，口臥反。」⿰口果⿰口果，蓋為狀聲詞。「而笑」，說郛卷六作「常笑」，御覽卷三九一作「恒笑」。

⑤御覽卷三九一引張華注云：「今人癡好笑，本此。」

3.東方荒外有豫章①焉。此樹主九州②。其高千丈，圍百尺③，本上三百丈，始有枝條④，敷張如帳，上有玄狐、黑猿。〔樹〕⑤主一州，南北並列，面向西南。有九力士操斧伐之，以占九州吉凶。斫之復生⑥，其州有福；創者⑦，州伯有病；積歲不復者，其州滅亡。亡者，州伯死；復者，木創復也。

①「豫章」，物類相感志（以下簡稱相感志）卷十三引作「九豫章」。

②「九州」，廣記卷四〇七引作「一州」。

③「百尺」，廣記卷四〇七作「百丈」。

④「始有枝條」，原作「本如有條枝」，據廣記卷四〇七引文校正。

⑤「樹」原作「枝」，據廣記引文校改；相感志卷十三作「一樹」。

⑥「斫之復生」，相感志卷十三作「行斫行復」，御覽卷九五八作「行斫行合」。

⑦「創者」，相感志卷十三作「復遲者」。

4.東方有樹焉①，高八十丈，敷張自輔②；其葉長一丈，廣六七尺，〔名曰扶桑〕③。其上自有蠶，作繭長三尺，繰一繭④，得絲一斤。有椹焉，長三尺五寸，圍如長⑤。

①「樹焉」，原作「桑樹焉」，據類聚卷八八、御覽卷九五五、卷九七三、廣記卷四〇七引文刪「桑」字。

②敷張自輔，謂樹之枝條往四方擴張，並下垂著地，形同枝幹，穩住整棵樹也。

③「名曰扶桑」四字，據類聚卷八八、御覽卷九五五、記纂淵海（以下簡稱淵海）卷九五引文補；御覽卷九七三、廣記卷四〇七則作「名曰桑」。按海內十洲記云：「扶桑，在碧海之中，地方千里。……地多林木，葉皆如桑。又有椹樹，長者數千丈，大二千餘圍。樹兩兩同根偶生，更相依倚，是以名爲扶桑。」其說與本則所敍述差似。

④「一薾」，太平廣記校勘記卷四〇七作「不合一薾」。不合，謂不滿也。

⑤「圍如長」之下，廣記有注云：「桑是偃桑，但樹長大耳。」一句。

5.東方有樹焉，高百丈，敷張自輔。葉長一丈，廣六（七）①尺，名曰木梨②。如今之樝梨，但樹大耳。③其子徑三尺，剖之少④瓤，白如素⑤，和羹食之爲地仙，衣服不敗，辟穀，可以入水火。⑥

①「七」字據齊民要術（以下簡稱要術）卷十、御覽卷九六九、事類賦卷二六引文補。

②「木梨」，原本作「梨」，今據相感志卷十三校補。

③「如今之樝梨……」一句，原混入正文，今據御覽卷九六九引文，改作注。

④要術卷十引，無「少」字。

⑤「白如素」，原作「日如素」，今據要術卷十、類聚卷八六、相感志卷十三、廣記卷四一〇、事類賦卷二六引文校改。

⑥「水火」下，原本有注「一名木梨」四字，今刪。

6. 東方①有樹（焉）②，高五十丈，葉長八尺，（廣四五尺）③，名曰桃。其子徑三尺二寸，和核羹④食之，令人益壽⑤。食核中仁，可以治嗽。小桃溫潤，嘅嗽人食之，即止。⑥

①「東方」，要術卷十、御覽卷九六七並作「東北」。

②「焉」字，據御覽卷九六七引文補。

③「廣四五尺」四字，據御覽引文補。

④「和核羹」，要術卷十作「小核味和」，御覽卷九六七作「小狹核」。

⑤「益壽」下，原本有「墇按：別本作壽短，誤。」雙行夾注，按要術卷十引，作「短壽」；御覽卷九六七作「知壽」。「知」，疑係「短」之形誤。

⑥「小桃溫潤，嘅嗽人食之，即止。」原誤為正文，今依陶憲曾神異經輯校之說改。小桃，蓋

指桃核中仁。「即止」句下，原本有「瑋按：別本作嘅嗽人肉滑者，誤。」雙行夾注。今按太平廣記校勘記卷四一〇作「嘅嗽人食之，肉滑。」肉滑，謂肌膚柔軟潤澤也。

7.東海之外荒，海中有山，焦炎而峙，高深莫測，蓋稟至陽①之爲質也。海水②激浪投其上，噏然③而盡。計其晝夜噏攝④無極，若熬鼎受其洒汁耳。

①至陽，極陽，至極之陽氣也。

②「海水」，原作「海中」，今據相感志卷三引文校改。

③噏然，吸歛貌。按：噏、吸同。

④噏攝，吸取也。

按：本篇所述，與佛經所說沃焦山事，有異曲同工之妙，殆受佛教啓示而撰。據現存文獻，舊題吳支謙譯金剛三昧本性清淨不壞不滅經、苻秦鳩摩羅什譯十住毘婆沙論、東晉末佛馱跋陀羅譯大方廣佛華嚴經、觀佛三昧經，並載沃焦山事；又士禮居本博物志卷一云：「東方有螗螂、沃焦。」文選卷十二郭璞江賦有「淙大壑與沃焦」之句。然則沃焦之說，蓋起於三國之末也。

8.大荒之東極①，至鬼府山②臂、沃椒山③脚，巨洋海中，昇載海日，蓋扶桑山。

有玉雞。玉雞鳴則金雞鳴，金雞鳴則石雞鳴，石雞鳴則天下之雞悉鳴，潮水應之矣。④

①東極，東方之極際也。

②鬼府山，未詳，疑卽論衡亂龍篇、訂鬼篇，以及獨斷卷上所謂之度朔山。論衡訂鬼篇引山海經佚文云：「滄海之中，有度朔之山。上有大桃木，其屈蟠三千里。其枝閒東北曰鬼門，萬鬼所出入。」

③「沃椒」，相感志卷七作「沃焦」。又「沃椒山」下原本有「壔按玄中記云：『天下之彊者，東海之惡燋焉。水灌而不已。惡燋，山名，在東海南方三萬里，海水灌之卽消。』卽沃椒也。」雙行夾注。

④玄中記云：「蓬萊之東，岱輿之山，上有扶桑之樹，樹高萬丈。樹顚常有天雞，爲巢於上。每夜至子時，則天雞鳴，而日中陽烏應之；陽烏鳴，則天下之雞皆鳴。」所記與本篇相近，天雞蓋卽玉雞也。

9.東海滄浪之洲，生彊木①焉。洲人多用作舟楫。其上多以珠玉爲戲物，終無所負②。其木方一寸，可載百許斤，縱石鎭之，不能沒。

①彊、強通用。此木蓋因浮力特大而得名也。

②負者，載也。本句殆謂珠玉甚輕，不得留置舟上耳。

10.（東方①荒中有木，（高四十丈，葉長五尺，廣三寸）②，名曰栗。其殼徑三尺三寸，殼刺長丈餘，實徑三尺。殼（赤而肉黃白）③，其味甜，食之多，令人短氣而渴。④）

①「東方」，要術卷十、相感志卷十三、御覽卷九六四、說略卷二七引並作「東北」。

②「高四十丈，葉長五尺，廣三寸」一句，據要術卷十引文補。御覽卷九六四作「高三十丈」。

③「赤而肉黃白」，原作「亦白」，今據要術卷十引文校補；御覽卷九六四作「赤肉黃白」。

④「短氣而渴」下，原本有「墇按太平御覽引此云：『東荒北有栗樹，高三十丈。栗徑三尺，其殼赤，其肉黃白，味甘，食之，令人短氣而渴。』廣記所引，出酉陽記。」雙行夾注。按：本篇與廣記卷四一一引酉陽雜俎，文字全同；段成式雜俎全襲神異經也。

按：本篇在東北荒經重出，此處當刪。

11.東方裔外①有建（春）②山，其上多橘柚③。

①「東方裔外」，御覽卷九六六引作「東南外」，事類賦卷二七則作「東南荒外」。

②「春」字，據類聚卷八六、初學記卷二八、御覽卷九六六、卷九七三、事類賦卷二七引文補。

③「橘柚」，類聚卷八六作「甘」，御覽卷九七三作「柚」，御覽卷九六六、事類賦卷二七並引作「美甘樹」。

東南荒經

1東南方①有人焉，周行天下。身長七丈②，腹圍如其長。頭戴雞父③、魌頭，華曰：髮煩亂也。④朱衣縞帶，以赤蛇繞額⑤，尾合於頭。不飲不食，朝吞惡鬼三千，暮吞三百⑥。此人以鬼爲飯⑦，以露爲漿⑧，名曰尺郭⑨，一名食邪，道師云吞邪鬼⑩。一名黃父⑪。今世有黃父鬼⑫。

①「東南方」，初學記卷二六、事類賦卷十八引作「東方」，廣記卷四八二、類說卷三七、紺珠集卷五引則作「南方」。

②「七丈」，法苑珠林（以下簡稱珠林）卷八、類說卷三七、紺珠集卷五引，並作「七尺」。又「七丈」下，原本有「墇按：說郛引作七尺，誤。」雙行夾注。今按：說郛卷六五引文，仍作「七丈」。

③「戴雞父」，相感志卷六、舊鈔本說郛卷六五引，同；御覽卷九一八、事類賦卷十八，並作「戴雞」。戴雞，與東荒經東王公戴黑熊，西南荒經聖人戴朱鳥、饕餮戴豕等，情形相似。

④「髮煩亂也」下，原有「墇曰：雞父，未詳」之注文。若原本確是「雞父」二字，其義殆指雄雞，如俗云雞公是矣。

⑤「赤蛇繞額」下，原本有「一作惡蛇遶項」小字校語。今按說郛卷六五作「惡蛇繞額」，廣記卷四八二作「赤蛇繞其項」，類說卷三七作「赤蛇遶項」。

⑥「三百」下，珠林卷八、御覽卷三七七引，並有「但吞不咋」一句，疑是注文也。

⑦「飯」下，原本有「瑋按：廣記『飯』作『食』，別本作『飲』，誤。」雙行夾注。

⑧「以露爲漿」下，原本有「廣記作『霧』。」校語。今按：書鈔卷一四四、珠林卷八、相感志卷六、御覽卷十二、卷八六一引，並作「霧露」，初學記卷二六、御覽卷九一八、廣記卷四八二、類說卷三七、紺珠集卷五引，則並作「霧」。

⑨「尺郭」下，說郛卷六五有「俗曰赤郭」小字注文。

⑩「道師云吞邪鬼」六字，原混入正文，今改。珠林卷八、御覽卷三七七引文，「食耶（邪）」下，小字注云：「吞食耶（邪）鬼。」

⑪「黄父」上，原有「赤」字，今據珠林卷八、相感志卷六、御覽卷三七七、卷八五〇、卷八六一、卷九一八、廣記卷四八二、事類賦卷十八、類說卷三七、紺珠集卷五刪之。

⑫「今世有黄父鬼」六字，原混入正文，今改。御覽卷三七七「黄父」下，小字注云：「黄父鬼。俗人依此名而名之。」珠林卷八同，惟「父」譌作「火」。

2.東南荒中有邪木①，高三十丈②，或十餘（丈）③，圍（丈餘）④，或七八尺，其枝喬⑤。葉如甘瓜。二百歲，葉（盡）⑥落而生花，花形如甘瓜；花復二百歲，盡落⑦而生萼，萼下生子，三歲而成熟。成熟之後，不長不減。子形如寒瓜⑧，長七八寸，徑四五寸。萼覆頂⑨。言發萼而得成實。此（實）⑩不取，萬世如故。若取子而留萼，萼復生子；如初年月，復成熟。⑪復二年則成萼，而復生子。⑫其子形如甘（瓜）⑬，瓤少覝，音練。甘美⑭，食之，令人身澤。不可過三升，令人冥醉，半日乃醒。木高，人取⑮不能得，唯木下有多羅之⑯人能緣⑰得之。多羅，國名。一名無葉，世人後生不見葉，故謂之無葉也。⑱一名倚驕。⑲

①「邪木」，廣記卷四一〇「邪」下有「音耶」注文；要術卷十、御覽卷九七二引，並作「椰木」。按：邪、耶同，椰字後起。

②「三十丈」，原本作「三千丈」，今據廣記校勘記卷四一〇改正；類聚卷八七作「二十丈餘」，相感志卷十三作「二三十丈」。要術卷十作「三二丈」，御覽卷九七二作「二三丈」，不確。

③「丈」字，據御覽卷九七二引文補入。

④「丈餘」二字，據要術卷十、御覽卷九七二引文補。

⑤「喬」，廣記卷四一〇作「有喬」，要術卷十引作「不橋」。按爾雅釋木：「小枝繚上爲喬，

無枝爲檄。」椰木無枝條，檄擢直上，則當以不橋（通「喬」字）爲是。然詩周南漢廣：「南有喬木。」毛傳云：「喬，上竦也。」集韻卷八笑韻：「喬，木枝上曲。」則作喬、有喬，亦無不可也。又「喬」下，原本有「直上不可那也」六字，並有「埠云：那，猶何也。」雙行夾注，蓋原爲篇末注文，誤羼入此，今刪。

⑥「盡」字，據要術卷十、御覽卷九七二引文補入。

⑦「盡落」，原作「落盡」，今據要術、御覽引文乙改。

⑧「寒瓜」下，廣記卷四一〇有「似冬瓜也」一句，疑是注文。

⑨「覆其」，原作「復覆生」，今據要術卷十引文校改。

⑩「實」字，據要術卷十引文補。

⑪「若取子……」一節，要術作「取者掐取其留下生如初」，字句有脫落，故文義不明。

⑫「復二年……」一句，原爲大字正文，今據上下文意改。

⑬「瓜」字，依要術卷十引文補入。

⑭「甘美」下，要術有「如蜜」二字；相感志卷十三則作「甘如蜜」。

⑮「人取」二字，要術作「凡人」。

⑯「之」字，要術作「樹」，相感志作「氏」。按：多羅樹，卽貝多羅樹，印度盛產之。

⑰「能緣」，原作「緣能」，今據要術引文乙正。

⑱「世人後生……」一句，原爲大字正文，今依陶氏神異經輯校改。

⑲「倚驕」下，原本有「按太平廣記引此，作『綺縞』，而張茂先注云：『驕，謂直上不可那也。』知廣記誤。」雙行夾注。今按：倚，假借爲踦，謂獨立不偶也。驕，假借爲喬，高也。故注文謂之曰直上不可那。那，奈何之合聲也。廣記作「綺縞」，殆形近而誤。

3.東南隅大荒之中，有樸父焉。夫婦竝高①千里，腹圍自輔②。天初立時，使其夫妻導開百川，嬾不用意③，謫之④，竝立東南。男露其勢，女露其牝⑤，勢牝，謂男女之陰陽。（氣息如人）⑥，不畏寒暑，不飲不食⑦，唯飲天露。須⑧黃河清，當復使其夫婦導護百川。古者⑨初立，此人開導河⑩，河或深或淺，或隘或塞，故禹更治，使其水不壅。天責其夫妻，倚而立之。若黃河清者，則河海絕流，水自清矣。⑪

①「夫婦並高」，說郛卷六五作「夫妻並立其高」。

②「自輔」，初學記卷十九、御覽卷三七七，並作「百輔」，御覽並有「百輔　，圍千里也。」注文；說郛卷六五仍作「自輔」，且注云：「自輔，亦千里。」按：自輔，謂周圍寬度與本身的高度成適當比例，足以穩住物體本身。此在本書爲常用語。當以作「自輔」爲是。

③「用意」下，原有校語「說郛作用力」五字。

④「謫之」，御覽卷三七七作「謫其夫妻」。

⑤「男露其勢，女露其牝」，御覽卷三七七作「男露其勢，女彰其殺」，並有注文：「勢殺，陰陽」四字；說郛卷六五作「男露其牡，女張其牝」，注文則作「牡牝，陽陰。」

⑥「氣息如人」四字，據御覽卷三七七引文校補；說郛卷六五作「氣任妙人」，「任妙」當即「息如」之誤。

⑦「不畏寒暑，不飲不食」二句，原作「不飲不食，不畏寒暑」。今據御覽、說郛引文乙正。

⑧須，俟也，待也。

⑨「古者」下，陶憲曾神異經輯校云：「疑脫『天』字。」按正文云「天初立時……」，則注文宜有「天」字，下接「初立」二字爲是也。

⑩「河」，說郛卷六五作「河海」，惟無下一「河」字。

⑪「古者初立……」一段，原混入正文，陶憲曾輯校本改爲注文，可從。

4.東南①海中有烜洲②，洲③有溫湖，鮒魚④生焉。其長八尺，食之宜暑而辟風寒⑤。

①「東南」，御覽卷三四作「東南方」。

②「烜洲」，書鈔卷五六作「祖洲」，廣記卷四六四引酉陽雜俎，亦作「祖洲」，陶憲曾輯校

本從之。陶氏並云：「十洲記有祖洲，在東海中，地方五百里。初學記七引作亶，蓋亶字之譌。古祖字，省作且，或作亶，見周伯據敦。」今按：御覽卷三四、卷六六引仍作「烜洲」，卷三四「烜」下注云：「興遠切」。玉篇卷二十火部：「烜，況遠切，火盛皃。」以本則下文云有溫湖證之，則仍當作「烜洲」爲是。

③御覽卷九三七引，無「洲」字；書鈔卷五六、御覽卷三四、卷六六引，並作「上」。

④「鮒魚」，書鈔卷一五六、御覽卷三四、卷六六，並作「鯽魚」。按：鮒魚，即鯽魚也。陸佃埤雅卷一云：「呂子曰：『魚之美者，洞庭之鮒。』鮒，小魚也，即今之鯽魚。……以相即也，謂之鯽；以相附也，謂之鮒。」御覽卷九三七引盛弘之荆州記云：「荆州有美鮒，踰於洞庭、溫湖。」文苑英華卷六五五庾信謝趙王賚乾魚啓云：「……況復洞庭鮮鮒，溫湖美鯽，波瀾成雨，鱗甲防寒。」則南北朝人所見傳本，似已鮒魚、鯽魚兼用矣。

⑤「辟風寒」，書鈔卷五六作「辟風却寒氣」，事類賦卷二九作「避風寒」。御覽卷三四「辟風寒」下有雙行小字注云：「尋陽有（青）林湖，鯽魚大二尺餘，食之肥美，可以已寒。」

5.東南有石井〔焉〕①，其方百丈，上有二石闕俠②東南面，上有蹲熊，有榜著闕，〔題〕③曰地戶。④

①「焉」字，據御覽卷一八四引文補。

②俠，與夾通，即傍也。

③「題」字，據類聚卷六二、御覽卷一七九、卷一八四、分門集註杜工部詩卷十一引文補。

④按意林卷三、御覽卷三六並引論衡佚文云：「地戶在東南。」其說與本則相同。

南荒經

1.南方〔荒中〕①有人②〔焉〕③，人面鳥喙而有翼，手足④扶翼⑤而行，〔但〕⑥食海中魚。〔雖〕有翼，不足以飛⑦〔倚爲徑行勢也。〕⑧一名鵩兜，書曰：「放鵩兜于崇山。」⑨一名驩兜。爲人很惡〔姦疏〕⑩，不畏風雨，〔不忌〕⑪禽獸，〔有所觸〕犯⑫，死乃休耳。⑬

①「荒中」二字，據史記五帝本紀正義、御覽卷七九〇引文補。

②「有人」，原譌作「有犬」，今據史記五帝本紀正義、御覽引文校改。

③「焉」字，據史記五帝本紀正義引文補。

④「手足」，史記五帝本紀正義作「兩手足」，御覽卷七九〇作「人手鳥足」。

⑤「扶翼」，御覽卷九四〇引作「杖翼」。按山海經大荒南經云：「驩頭，人面鳥喙，有翼，食海中魚，杖翼而行。」郭璞注云：「翅不可以飛，倚杖之用而已。」再依本則注文觀之，似作「杖翼」爲是。

⑥「但」字，據御覽卷七九〇引文補。

⑦「（雖）有翼不足以飛」一句，原混入正文，今據御覽卷七九〇引改爲注，並補「雖」字。

⑧「倚爲徑行勢也」一句，據御覽卷七九〇引文補。

⑨「書曰：放鴅兜于崇山」一句，原混入正文，今依陶氏神異經輯校改。又「崇山」下，原本有「按：古文尚書作鴅吺」一句。今按玉篇、廣韻、集韻並收「鴅」字，注云「人面，鳥喙」。則本篇鴅字，並應改爲鴅也。

⑩「姦疏」二字，據御覽卷七九〇補。

⑪「不忌」二字，據御覽卷七九〇補。

⑫「有所觸」三字，據御覽卷七九〇補。

⑬「休耳」下，說郛卷六五有「驩兜，亦國名也。」雙行夾注。

2. 南方有人，長二三①尺，袒身②而目在頂上，走行如風，名曰（魃）③。所（見）④之國大旱，（俗曰旱魃。）（赤地千里。一名旱母）⑤，一名（㹮）⑥。善行市朝衆⑦中，遇之者，投著厠中⑧，乃死，旱災消（也）⑨。（詩曰：旱魃爲虐。）⑩或曰：生捕得，殺之，禍去福來。

①「二三」，御覽卷八八三引作「三二」。

②「袒身」，御覽卷八八三作「裸形」，草堂詩箋卷二九作「裸身」。

③「魃」，原譌作「鬾」，今據毛詩大雅雲漢正義、類聚卷一〇〇、御覽卷八八三、淵海卷五、

古今合璧事類備要卷二十引文校正。

④「見」字，據毛詩正義、類聚卷一〇〇、御覽卷八八三、淵海卷五、合璧事類卷二十引文補。

⑤「赤地千里。一名旱母」八字，據毛詩正義、御覽卷八八三引文補。類聚卷一〇〇、合璧事類卷二十引，亦有「赤地千里」四字。

⑥「狢」，原作「格子」，今據類聚卷一〇〇、御覽卷八八三、合璧事類卷二十校改。

⑦說郛卷六五，無「衆」字。

⑧「遇之者……」一句，毛詩正義、類聚卷一〇〇、御覽卷八八三、合璧事類卷二十引，並作「遇者得之，投溷中」。

⑨「也」字，據類聚卷一〇〇、御覽卷八八三補入。

⑩「詩曰旱魃爲虐」六字，原混入正文，陶氏神異經輯校改爲注文，今從之。

3.南荒外①有火山，（長四十里，廣五十里）②。其中生③不盡④之木⑤，晝夜火燃，得暴風不猛，猛雨不滅⑥。（火中有鼠，重百斤，毛長二尺餘，細如絲。恒居火中⑦，時時出外，而色白，以水逐沃之，卽死。績其毛，織以作布。用之若汙，以火燒之，則清潔也。）⑧

①「南荒外」，後漢書南蠻西南夷列傳注、類聚卷八五作「南方」。

②「長四十里，廣五十里」八字，據御覽卷八二〇引文補。三國志魏書三少帝紀注作「長三十里，廣五十里」；水經卷十三㶟水注、後漢書張衡列傳注、南蠻西南夷列傳注、文選卷二八李善注、御覽卷八六九引，並作「長四十里，廣四五里。」

③「其中生」，三國志注、水經注、文選注、御覽卷八二〇引，並作「其中皆生」。

④「不盡」，三國志注、水經注、類聚卷八五、後漢書注、御覽卷八二〇、緯略卷四、集註分類東坡詩卷九，並作「不燼」。按：盡、燼通用，火之餘灰也。

⑤「之木」下，原本有「埠按：別本作不書之木。」注文。今按廣記卷四〇七引，正作「不書之木」。不確。

⑥「暴風不猛，猛雨不滅」，類聚卷八五作「暴風不熾，猛雨不滅」，一切經音義卷十五作「猛風不盛，暴雨不滅」，後漢書注作「烈風不猛，暴雨不滅」，御覽卷八二〇作「暴風不猛雨不滅」，御覽卷八六九作「暴風雨，火不滅」。又「不滅」下，原本有「埠按玄中記：『南方有炎火山，四月生火，其木皮爲火浣布。』」雙行夾注。

⑦「居火中」下，三國志注、御覽卷八二〇引，並有「色洞赤」三字，一切經音義卷十五則作「洞赤如火」。

⑧「火中有鼠……則清潔也」一段，據後漢書南蠻西南夷列傳注引文補入。

4.南方①大荒之中有樹焉，名曰柤稼②櫨。柤者，柤梨也；稼者，株稼也；櫨，親暱也。③三千歲作華，九千歲作實。其華藥紫色，其實赤色。其高百丈，或千丈也。敷張自輔，東西南北方枝，各近五十丈。葉長七尺，廣五尺，色如綠青④，木皮如梓樹⑤，理如甘草，味飴。實長九尺，圍如其長⑥，而無瓤核，以竹刀剖之如凝蜜⑦。得食，復見實卽滅矣。言復見後實熟者，壽一萬二千歲。⑧

①「南方」，廣記卷四一〇作「東方」。

②「稼」，原作「稼」，今據相感志卷十三、廣記校勘記卷四一〇校改；下兩「稼」字亦然。

按：稼，架字之又體也。

③「相者，相梨也……」一段，原混入正文，今依陶氏神異經輯校改。

④綠青，礦物名，卽孔雀石，可以作顏料。

⑤「梓樹」，要術卷十作「桂」，其下並有「味如蜜」三字。

⑥「實長九尺，圍如其長」，要術卷十作「實長九圍」。

⑦「凝蜜」，要術卷十作「凝酥」，相感志卷十三作「飴蜜」。又原本在「凝蜜」二字下，有

校語云：「一作如酥」。

⑧「言復見後實熟者，壽一萬二千歲」，原混入正文。又原本有「埠按：『言復見』以下十三字，乃茂先註」雙行夾注。其說可從。今改爲注。

5. 南方大荒①有樹焉，名曰如何。三百歲作華，九百歲作實。華色朱，其實正黃。高五十丈，敷張如蓋。葉長一丈，廣二尺餘，似菅苧，色青，厚五分，可以絮②，如厚朴③。材理如支④。九子，味如飴。實有核，形如棗子⑤，長五尺，圍如長。金刀剖之（則苦，竹刀剖之則飴，木刀剖之）⑥則酸，蘆刀剖之則辛。食之者地仙，不畏水火，不畏白刄。⑦

①「南方大荒」，御覽卷三四五作「南荒之中」、卷九六一作「南方荒中」，事類賦卷二四作「南荒中」。

②絮，假借爲挐，謂調羹也。

③厚朴，木蘭科落葉喬木，高四五丈。葉大，互生，長倒卵形；花大，通常九瓣，色黃白，香氣頗烈。樹皮味苦辛，可入藥，惟須以乾薑爲之使。

④支，與梔通，木名。生中國南方及西蜀州郡。木高七八尺，葉似李而厚硬，二三月生白花，

六瓣，甚芬香；夏秋結實，生青熟黃，中仁深紅，曝乾，圓而小者可入藥，大而長者用作染色。

⑤「棗子」下，原有校語：「或作棘子」。今按：廣記校勘記卷四一〇正作「棘子」。說文第七篇：「棘，小棗叢生者。」

⑥「則苦，竹刀剖之則飴，木刀剖之」十二字，據北戶錄卷二、相感志卷十三引文校補。

⑦「白刄」下，廣記卷四一〇有「刄，刀之屬。言地仙者，不能飛，在地久生而已。」小字注文。

6.南方荒中有沛①竹，長數百丈，圍三丈六尺②，厚八九寸，可以爲船。其子③甚美，〔養〕④食之，可以止瘡癘。張茂先註曰：子，笋也。

①「沛」，原作「涕」，今據要術卷十、初學記卷二、筍譜、御覽卷九六三引文校改。唯廣韻卷一六脂：「篩，篩竹，一名太極，長百丈，南方以爲船。出神異經。」集韻卷一六脂：「篩，竹名。神異經曰：『長百丈，南方以爲船。』」又卷五六止：「笫，竹名，出南方荒中，長百丈，圍三丈。」筍譜葉二三下引亦作「笫竹」。然則北宋初所見本，原有作「篩」或「笫」者矣。

②「三丈六尺」，要術卷十作「三丈五六赤（尺）」，相感志卷十四作「三丈五尺」，初學記卷二八、御覽卷九六三、筍譜則作「二丈五六尺」。

③「子」，原作「笋」，今據要術卷十、相感志卷十四、筍譜、御覽卷九六三引文校改。

④「煮」字，據相感志卷十四、筍譜、廣記卷四一二引文補入。

7. 南方〔荒內〕①有⿰甘干⿰甘庶②之林。其高百丈，圍三丈八尺③，促節多汁，甜如蜜。咋嚙其汁，令人潤澤，可以節蚘蟲④。人腹中蚘蟲，其狀如蚓。此消穀蟲也，多則傷人，少則穀不消。是甘蔗能減多益少，凡蔗亦然。⑤

①「荒內」兩字，據類聚卷八七、御覽卷九七四引文補；相感志卷十二作「荒外」。

②「⿰甘干⿰甘庶」，類聚卷八七、御覽卷九七四作「⿰甘干⿰甘者」，並即今之甘蔗。故廣記卷四一二「⿰甘干⿰甘庶」下有小字注云：「甘蔗二音」。

③「三丈八尺」，原作「三尺八寸」，今據類聚卷八七、相感志卷十二引文校改；御覽卷九七六、淵海卷九二並作「三丈」。

④「蚘蟲」下，原本有「廣記引作蚘蟲」雙行夾注。按：蚘、蛔、蚘、蛕，並同字，指腹中寄生長蟲。又今廣記引仍作「蚘蟲」。

⑤「人腹中蚘蟲……」一段，原混入正文，今依陶氏神異經輯校，改為注文。

8.（不盡木。火中有鼠，重千斤，毛長二尺餘，細如絲。但居火中，洞赤，時時出外而毛白，以水逐而沃之，卽死。取其毛，績紡，織以爲布。用之若有垢涴，以火燒之則淨。）

按：此節與本經第三則「南荒外火山」，同屬一篇。北宋初年，李昉等編太平廣記，割裂此節入卷四四〇鼠類。後世輯錄者失察，未能還原，分置兩處。今據三國志魏書三少帝紀注、水經濛水注、後漢書南蠻西南夷傳注等引文移正。此則應刪。

9.南方蚊翼下有小蜚蟲焉，目明者見之。每生九卵，復①未嘗有毈②，復成九子，蜚而復去③，蚊遂不知；亦食人及百獸。食者知。言蟲小，食人不去也④。此蟲既細且小，因曰細蠛⑤。陳章對齊桓公小蟲是也⑥。此蟲常春生，以季夏藏于鹿耳中，名嬰蜺。⑦

①復，通覆字，謂孵育也。下句「復成九子」，義同。

②「毈」，原作「⿰卵叚」，今正。廣記卷四七九引有注云：「徒亂反」。說文卷十三下卵部：「毈，卵不孚也。」

③「復去」，類聚卷九七、廣記四七九引，並作「俱去」，御覽卷九四五作「俱出」。

④「言蟲小，食人不去也」一句，原混入正文，今據上下文意，改爲注。

⑤「細蠛」下，廣記卷四七九有注云：「音蔑」。按：蠛，與蔑通，蚊蟲類，小於蚊，習稱曰蠛蠓。

⑥「陳章對齊桓公小蟲是也」一句，原混入正文，依陶氏神異經輯校，改爲注。又原本在「是也」下，有「⿰土韋按：陳章鷦螟巢於蚊睫事，見晏子春秋。」雙行夾注。今按：晏子春秋卷八外篇所載，乃晏嬰對齊景公也。列子卷五湯問篇，載殷湯問於夏革，亦論及焦螟事。

⑦「嬰蜺」，廣記卷四七九引，作「嫈娩」，並有「嫈娩，亦細小也。」一句，疑是注文也。

10. 南方有獸，似鹿而豕首①，有牙，〔鹿尾〕②，善依人求五穀，名〔曰〕③無損之獸④。人割取其肉，不病，肉復自復。其肉惟可作鮓⑤，使糝⑥肥羹⑦，而鮓肉不壞；吞之不入。糝盡，更添肉，復⑧作鮓如初，愈〔久而乃〕⑨美，名曰不盡鮓是也。⑩

①「似鹿而豕首」，御覽卷九一三作「其狀如鹿，豕頭」。

②「鹿尾」二字，據御覽卷九一三引文補。

③「曰」字，據相感志卷九、御覽卷九一三補。

④「無損之獸」，書鈔卷一四四、卷一四六，御覽卷九一三並作「無損」，相感志卷九作「無

損獸」。據全書通例，「之獸」二字應刪。

⑤「鮓」，書鈔卷一四六作「鮺」，御覽卷九一三則作「鮮」。按：鮓、鮺同，謂藏貯以爲食品之魚肉，說文十一篇下作「𩺰」。「鮮」與「鮺」、「𩺰」，字形相近而誤。

⑥「糝」，原本作「糣」，御覽卷九一三作「潴」，今據書鈔卷一四四引文校改；下「糝」字同。按：糝，以米和肉、和菜或和羹也。

⑦「羹」，原作「美」，今據書鈔卷一四四引文校改。

⑧「復」，御覽卷九一三作「使復以」。

⑨「久而乃」三字，據御覽卷九一三引文補。

⑩「是也」下，原本有「御覽獸部引此，『糣』字作『潴』、『鮓』字作『鮮』。」雙行夾注。

11.（南荒之外有火山，長四十里，廣五十里。其中皆生不燼之木，火鼠生其中。）

按：此節與本經第三則「南荒外火山」，同屬一篇，應移併。

12.南方①有銀山（焉）②，長五十里③，（廣四五里）④，高百餘丈，悉是白銀⑤，（不雜土石，不生草木）⑥。

①「南方」，類聚卷八三、海錄碎事卷十五引，並作「西南」。

②「焉」字，據類聚引文補入。

③「五十里」，類聚卷八三、御覽卷八一二並作「五十餘里」。

④「廣四五里」四字，據類聚卷八三引文補。

⑤「悉是白銀」，類聚卷八三作「皆悉白金」，御覽卷八一二作「皆悉白銀」。按爾雅卷中釋器云：「白金謂之銀。」

⑥「不雜土石，不生草木」二句，據類聚、御覽引文補。

西南荒經

1.西南大荒中有人〔焉〕①，長一丈②，腹圍九尺③，踐龜蛇，戴朱鳥，左手憑〔青龍，右手憑〕④白虎。知河海⑤斗斛，識山石多少，知天下鳥獸言語，〔識〕⑥土地上人民⑦所道，知百穀可食，識草木鹹苦，名曰聖，（俗曰聖人。）⑧，一名哲，（俗曰睿哲。）⑨，一名先⑩，（俗曰先知。）⑪〔一名通，（俗曰通達。）〕⑫一名無不達。凡人見而拜之，令人神智。此人爲天下聖人也⑬。

①「焉」字，據初學記卷十九、御覽卷三七七、卷九三一、說郛卷六五、永樂大典（以下簡稱大典）卷二九七八引文補入。

②「一丈」，類聚卷三十作「十丈」。

③「九尺」，類聚卷三十作「九丈」。

④「青龍，右手憑」五字，據類聚卷三十、初學記卷十九、御覽卷三七七、卷四〇一、卷七九七、說郛卷六五、大典卷二九七八引文校補。

⑤「河海」，原作「河海水」，今據類聚卷三十、初學記卷十九、御覽卷三七七、卷四〇一、卷七九七、卷九三一、大典卷二九七八引文刪「水」字。

⑥「識」字，據類聚卷二十、御覽卷四〇一、說郛卷六五引文校補，相感志卷五則作「知」。

⑦「土地上人民」，類聚卷二十作「土上人」，相感志卷五作「世上人」，御覽卷四〇一作「士□人」。當以「世上人」爲是。

⑧「俗曰聖人」四字，據御覽卷四〇一、說郛卷六五引文補。

⑨「俗曰睿哲」四字，據御覽卷四〇一引文補入，說郛卷六五作「俗曰先哲」。

⑩「先」原作「賢」，據初學記卷十九、御覽卷四〇一引文校改。

⑪「先知」，御覽卷四〇一作「知先」。

⑫「一名通，俗曰通達」七字，據御覽卷四〇一引文補。

⑬「此人爲天下聖人也」一句，原混入正文，今改爲注；御覽卷四〇一「神智」下，有雙行夾注曰：「此人天下神聖也。」又原本在「聖人也」之後，有「一名先通」四字，今刪。

2.西南方有人焉，身多毛，頭上戴豕，性狠惡①，好息積②財而不用③，善奪人物④，彊毅⑤者奪老弱者，畏羣而擊單，名曰饕餮。春秋言饕餮者，縉雲氏之不才子也。⑥一名貪惏⑦，一名彊奪，一名凌弱。此國之人皆如此也⑧。

①「性狠惡」，原作「貪如狼惡」，今據史記五帝本紀正義引文校改；說郛卷六五作「貪如惡

狼」，不確。

②「息積」，原作「自積」，今據史記五帝本紀正義校改。息積，猶貯積也。

③「不用」，原作「不食」，今據史記正義校改。

④「善奪人物」，原作「人穀」，史記正義引文作「善奪人穀物」。惟「穀」字，疑係下句「彊毅者」之「毅」字訛倒，今移正。

⑤「彊毅」，原作「彊」，今據說郛卷六五引文校補。

⑥「春秋言……」一句，原本混入正文，今依陶氏神異經輯校改正。

⑦惏、婪同，貪也。

⑧「此國之人皆如此也」一句，原本混入正文，今依上下文意改爲注。

3.西南荒中①出訛獸，其狀若羗②，人面能言，常欺人。言東而西，〔言可而否〕③，言惡而善，〔言疏而密，言遠而近，言皆反也。名曰誕，（俗言欺誕。）一名欺，一名戲。（俗曰戲言。）〕④其肉美，食之，言不眞矣。（言食其肉，則其人言不誠。）⑤

①「西南荒中」，說郛卷六五作「西方大荒中」。

②「羗」字，原作「菟」，據說郛卷六五引文校改。

③「言可而否」四字，據說郛引文補。

④「言疏而密……」一段，據說郛引文補。

⑤「言不眞矣」，相感志卷九作「言已不眞矣」。說郛卷六五乃作「可以已不直」，並有注云：「不直之人，多僞詐也，食此肉，則直情見矣。」蓋一據直者立說，一據不直者而言也。又原本最末，有「一名誕」三字，今删。

西荒經

1.崑崙西有獸焉。其狀如犬，長毛，四足①，似羆而無爪，有〔兩〕②目而不見，行不開。③有兩耳而不聞，有人知性④，有腹〔而〕⑤無五臟，有腸，直而不旋，食物徑過。人有德行，而往牴觸⑤之；有凶德，則往依憑之。天使其然，名爲渾沌。春秋云：渾沌，帝鴻氏不才子也。⑦〔一名無腹，一名無目，一名無耳，俗曰耳聾。一名無心〕⑧，空居無爲⑨，常咋其尾，回轉，仰天而笑。⑩

①「長毛四足」，說郛卷六五作「尾長四尺」。

②「兩」字，據御覽卷九一三、緯略卷十一、說郛卷六五引文補。

③按：御覽卷九一三、緯略卷十一、說郛卷六五引，並無「行不開」三字，當是注文。原本混入正文，今改。

④「知性」，原作「知往」，今據史記五帝本紀正義引文校改。

⑤「而」字，據御覽卷九一三、緯略卷十一、說郛卷六五引文補。

⑥「觸」，御覽卷九一三、緯略卷十一並作「觕」，注云：「音觸。」按：觕，觸之古字也。

⑦「春秋云……」一句，原本混入正文，今依陶氏神異經輯校改正。

⑧「一名無腹……」一段，據說郛卷六五引文校補；御覽卷九一三、緯略卷十一引，僅有「一名無耳，一名無心」八字。

⑨「空居無爲」，御覽卷九一三、緯略卷十一引，並作「所居無常」。

⑩「而笑」下，原本有「以史記正義校」六字。

2.西方荒中有獸焉，其狀如虎而大①，豪長二尺②，人面，虎足，猪口牙③，尾長一丈八尺，（能鬥不退）④，攪亂荒中，名檮杌。春秋云：顓頊氏有不才子，名檮杌是也。⑤ 一名傲很，一名難訓。（此獸食人）⑥。

①「大」，原作「犬」，今據史記五帝本紀正義引文改正。御覽卷九一三、緯略卷十一作「身大」。

②「豪」，原作「毛」，今據春秋左傳注疏卷二十引文校改。「二尺」，御覽卷九一三作「尺」，且其下有「張華注曰：言此獸毛皆如豪猪毛也。」雙行小字；緯略卷十一則作「尺許」，亦引張華注。

③「猪口牙」，春秋左傳注疏卷二十作「猪牙」，御覽卷九一三、緯略卷十一並作「口有猪牙」。

④「能鬥不退」四字，據左傳注疏卷二十引文補。

⑤「春秋云……」一句，原混入正文，今依陶氏神異經輯校改正；又原句在「難訓」之下，今併移正。

⑥「此獸食人」四字，依緯略卷十一引文補，御覽卷九一三作「此獸食」，脫「人」字。

3.〔西荒中有人焉〕①，面目手足皆人形，而胳②下有翼，不能飛。爲人饕餮，淫逸無理③，名曰苗民。春秋所謂三苗。書云：竄三苗于三危。④

①「西荒中有人焉」一句，原作「有人」，今據史記五帝本紀正義、廣記卷四八二引文校補；御覽卷七九〇則作「西北荒中有人焉」。

②「胳」，御覽卷七九〇、廣記卷四八二作「腋」。按：胳，腋下也。

③「無理」，御覽卷七九〇作「無禮」。

④「春秋所謂……」一段，原混入正文，今依陶氏神異經輯校改爲注。

4.西荒之中有人焉，長短如人，著百結敗衣，手〔足〕①虎爪，名曰獏猲②。伺人獨自③，輒〔往就人，欲〕④食人腦。〔先使捕虱，得臥而〕⑤舌出，盤地丈餘。人先聞其聲，燒大石以投其舌，乃〔低頭〕⑥氣絕⑦而死；不然，〔瘖而輒〕⑧

食人腦矣。⑨

①「足」字，據御覽卷三七五、卷九〇八、卷九五一引文補。

②「獏猲」下，御覽卷九五一有「張茂先曰：俗曰貌僞。音撝。」雙行夾注。御覽卷九〇八作「貘猲」。

③「自」，原作「行」，今據相感志卷六、御覽卷三七五、卷九〇八校改。

④「往就人欲」四字，據書鈔卷一六〇、御覽卷九〇八、卷九五一引文補。

⑤「先使捕虱，得臥而」七字，據御覽卷九〇八、卷九五一補入；書鈔卷一六〇作「先使捕虱，伺臥而」，御覽卷三七五則作「先捕虱，人伺其臥」。

⑥「低頭」二字，據書鈔卷一六〇、御覽卷九五一補。

⑦「氣絕」，書鈔卷一六〇、御覽卷三七五、卷九五一並作「絕氣」。

⑧「瘔而輒」三字，據御覽卷三七五引文補，書鈔卷一六〇作「若瘔乃輒」。

⑨「食人腦矣」下，原本有「一本云：伺人眠，輒往就人，欲食人腦。」雙行夾注。按：一本云云，蓋指御覽卷九五一引文而言也。

5. 西方白宮之外①有山焉，其長十餘里，廣二三里，高百餘丈，皆大黃之金。其色殊美，不雜土石，不生草木。上有金人②，高五丈餘，皆純金，名曰金犀，〔守之〕③。入山下一丈有銀，又〔入〕④一丈有錫，又入一丈有鉛，又入一丈有丹陽銅⑤。此銅似金，可鍛以作錯塗之器。淮南子術曰：餌丹陽之爲金是也。⑥

①「白宮之外」，原作「日宮之外」，今據御覽卷八一一引文校改；又原本有校語云：「廣記引作自官」。按：廣記卷四〇〇引本則，明野竹齋抄本、談愷刻本、許自昌刻本，並作「日官」。原校不確。

②「金人」，御覽卷八一一作「人」。

③「守之」二字，據御覽卷八一一引文補。

④「入」字，據廣記卷四〇〇引文補。

⑤史記平準書：「金有三等，黃金爲上，白金爲中，赤金爲下。」裴駰集解云：「赤金，丹陽銅也。」

⑥「似金……」一句，原混入正文，今依陶氏神異經輯校改，並補「此銅」二字。御覽卷八一一引文，在「丹楊銅」下，有「張華曰：此銅與金相似。典術曰：『陶丹銅以爲金也。』」小字注。與本篇注文小異。又原本在「是也」下，有「淮南子以下，乃茂先註，後人誤合爲經。梁簡文帝詩云：劍鏤丹陽銅，用此。」雙行夾注。

6.西荒中有獸，〔狀〕①如虎，豪長三尺②，人面，虎足，〔猪〕③口牙，〔尾長〕④一丈八尺，〔名曰檮杌〕⑤。人或食之。獸鬭，終不退却，唯死而已。荒中人張⑥捕之，復黠逆知，一名倒壽⑦。

①「狀」字，據春秋左傳注疏卷二十、史記五帝本紀正義、御覽卷九一三、緯略卷十一引文補。

②「三尺」，春秋左傳注疏、史記正義並作「二尺」，御覽卷九一三作「尺」，緯略卷十一作「尺許」。

③「猪」字，據史記正義引文補。此句，春秋左傳注疏引作「猪牙」，御覽卷九一三、緯略卷十一作「口有猪牙」。按：猪口牙，謂口牙形狀並似猪也。

④「尾長」二字，據春秋左傳注疏、史記正義、御覽卷九一三、緯略卷十一引文補。

⑤按：相感志卷十引本則，標題爲「檮杌獸」，今據上下文意，補「名曰檮杌」四字。

⑥張者，謂設網羅陷阱也。

⑦倒壽，謂逆知危險，逃離其處，得以保全性命也。

按：此與本經第二則「檮杌」，原係同篇。後世割裂，分置兩處，故內容多重複。

7.西方深山中有人焉，其①長尺餘②，袒身，捕蝦蟹，性不畏人。見人止宿，喜③

依其火，以炙蝦蟹；伺人不在而盜人鹽，以食蝦蟹，名曰④山臊⑤。其音自叫。人嘗以竹著火中烞熚⑥，而山臊皆驚憚。犯之令人寒熱。此雖人形而變化，然亦鬼魅之類，今所在山中皆有之⑦。〔玄黃經曰：臊體捕蝦蟆，雖為鬼例，亦人體貌者也。〕⑧。

①「其」字，原作「身」，今據法苑珠林（以下簡稱珠林）卷四二、荊楚歲時記注引文校改。

②「尺餘」下，荊楚歲時記注有「一足」二字。

③「喜」，原作「暮」，今據珠林卷四二、御覽卷八八三引文校改。

④「名曰」，原作「在深」，今據珠林卷四二、御覽卷八八三校改。

⑤「山臊」，玉燭寶典卷一、珠林卷四二、御覽卷八八三、集韻卷三六豪韻引，並作「山㺑」。按：臊、㺑，集韻卷三並蘇遭切，同音通假。

⑥「烞熚」，原作「爆烞」，今據珠林卷四二、荊楚歲時記注引文校改。御覽卷八八三引作「烞熚」，注云：「音朴，音卑。」按：烞、爆同。烞熚，爆竹聲也。又「烞熚」下，荊楚歲時記注、歲時廣記卷五引，有「有聲」二字。

⑦「此雖人形……」一段，原混入正文，今據珠林卷四二、御覽卷八八三引文改。

⑧「玄黃經曰……」一段，據說郛卷六五引文補。惟原混入正文。按全書通例，凡引玄黃經云云，並是注，今改正。

8.西海水上有人〔焉〕①，乘白馬，朱鬣，白衣，玄冠，從十二童子，馳馬西海水②上，如飛③，名曰河伯使者。或時上岸。馬跡所及，水至其處，所至④之國，雨水滂沱。暮則還府⑤。〔府，河伯府也；西海之府，洛水深淵也。此雖人形，固是鬼神也。〕⑥

①「焉」字，據御覽卷十一、事類賦卷三、說郛卷六五引文補。

②御覽卷十一、事類賦卷三引，無「水」字。

③「如飛」下，原本有「如風」二字，今據御覽、事類賦刪。

④「至」，原作「之」，據御覽、事類賦引文校改。

⑤「府」，原作「河」，據舊抄本說郛卷六五引本則注文校改；相感志卷六引作「河伯府也」。

⑥「府，河伯府也……」注文，據舊抄本說郛引文補；涵芬樓本，首句作「河府，北府也」，不確。

9.西海之外①有鵠國②焉，男女皆長七寸。爲人自然有禮，好經論③拜跪。其人皆壽三百歲。其④行如飛，日行⑤千里。百物不敢犯之，唯畏海鵠。〔鵠〕⑥遇⑦輒吞之，亦壽三百歲。此人在鵠腹中不死，而鵠一舉千里。華曰：陳章與齊桓公論小兒⑧也。

①「外」，御覽卷三七八、卷七九七引，並作「中」。

②「鵠」，類聚卷九十、初學記卷十九、御覽卷九一六、淵海卷九七，並作「鶴」。按：鵠、鶴古通用。

③「論」字，原本作「綸」，據類聚卷九十、御覽卷三七八、卷七九七、卷九一六引文校改。

④「其」字，類聚卷九十、御覽卷三七八、卷九一六並作「人」。

⑤類聚卷九十、初學記卷十九、御覽卷三七八、卷九一六引，並無「行」字。

⑥「鵠」字，據類聚卷九十、御覽卷三七八、卷七九七、卷九一六、廣記卷四八〇引文補；初學記卷十九則作「海鵠」。

⑦「遇」，原作「過」，今據初學記十九、白氏六帖事類集（以下簡稱六帖）卷二九、相感志卷四、御覽卷七九七、卷九一六、廣記卷四八〇引文校改。

⑧「小兒」，說郛卷六五作「所謂小人」。

10.西方山中有蛇，頭尾差大，有色五彩。人物觸之者，中頭則尾至，中尾則頭至，中腰則頭尾竝至，名曰率然①。茂先註云：會稽常山最多此蛇。孫子兵法〔曰：將之〕②三軍，勢如率然者是也。③

①說文通訓定聲履部第十二云：「率，叚借爲猝。」率然，猶猝然，形容其行動迅速也。

②「曰將之」三字，據廣記卷四五六引文補。

③「茂先註云……」一段，原本與正文不分，今改爲小字。又按今本孫子九地篇云：「善用兵者，譬如率然。」

西北荒經

1. 西北有獸焉，〔其〕①狀似虎，有翼能飛，便勦②食人。知人言語，聞人鬭，輒食直者；聞人忠信，輒食其鼻，聞人惡逆不善，輒殺③獸往饋之，名曰窮奇。亦食諸禽獸也。埠按別本云：窮奇，似牛而狸尾④，尾長曳地，其聲似狗，狗頭人形，鉤爪鋸牙。逢忠信之人，齧而食之；逢姦邪者，則禽⑤禽獸而伺之⑥。

①「其」字，據史記五帝本紀正義引文補。

②廣雅釋詁卷一上：「剿，取也。」王念孫疏證云：「剿、勦、鈔並通。」

③「殺」，原作「食」，今據史記正義校改。

④「狸尾」，相感志卷十引作「色狸」。

⑤「禽」，相感志卷十作「擒」，錦繡萬花谷卷三七引作「捕」。

⑥「而伺之」，錦繡萬花谷卷三七作「以飼之」，相感志卷十作「而飼之。迅疾，亦食諸禽獸也。」

2. 西北荒①有人焉，人面，朱髮②，蛇身，人手足③，而食五穀禽獸，貪惡頑愚④，名曰共工。書〔曰〕⑤流共工於幽州。幽州，北裔也，而此言西北方，相近也。皆西⑥裔之族耳。⑦

①「荒」，說郛卷六五引作「荒中」。
②「髮」，史記五帝本紀正義作「鬀」。按：鬀，首飾也。
③「人手足」，說郛卷六五作「人手而無足」。
④「頑愚」，原本作「愚頑」，今據史記正義、說郛卷六五引文乙改。
⑤「曰」字，據說郛卷六五引文補。
⑥「西」，說郛卷六五作「四」。
⑦「書曰流共工……」一段，原混入正文，今依陶氏神異經輯校改爲注。

3. 西北荒中有玉饋①之酒，酒泉注焉，廣一丈長②，深三丈，酒美如玉③，清澄④如鏡。上⑤有玉罇、玉籩。取一罇，復一罇出⑥焉，與天〔地〕⑦同休，無乾時。飲此酒，人不生死⑧，一名〔玉〕⑨遺酒。⑩玉籩⑪有脯焉，其味如麞⑫，食一片，一片復生也⑬，名曰追復⑭。

①「玉饋」，書鈔卷一四五、卷一四八引作「玉遺」，又卷一四八另引作「玉匱」。按：遺、匱，並假借作饋，餽贈也。
②廣記卷四八〇引，無「長」字。

③「玉」，原本作「肉」，今據書鈔卷一四八、相感志卷三引文校改。

④「清澄」，原作「澄清」，據廣記卷四八〇引文乙正；書鈔卷一四八、類聚卷七二、御覽卷八四五、事類賦卷十七引，並作「清」。

⑤「上」，類聚卷七二、御覽卷七五九、卷八四五、事類賦卷十七引，並作「其上」。

⑥「復一尊出」，原本作「一尊復生」，今據類聚卷七二校改；御覽卷八四五作「取一罇，復一罇」，事類賦卷十七作「取一樽，復一樽。」按：尊、罇、樽同字。

⑦「地」字，據類聚卷十七、御覽卷八四五、事類賦卷十七補。

⑧「不生死」，類聚卷七二引作「不死長生」，御覽卷八四五作「不死不生」。又「不生死」下，廣記卷四八〇有「此井間人，與天同生，雖男女，不夫婦，故言不生死。」當是注文。

⑨「玉」字，據書鈔卷一四五、卷一四八補。

⑩「飲此酒……」一段，原本在「味如麞（脯）」句下，今據類聚卷八二、御覽卷八四五引文乙正。

⑪「玉籩」，原本作「石邊」，今依上文「玉尊玉籩」句改正。

⑫「其味如麞」，原作「味如麞鹿脯」，今據書鈔卷一四五、初學記卷十九校改；廣記卷四八〇作「味如麞脯」。

⑬「一片復生也」，原本作「復一片」，今據書鈔卷一四五引文校改。又「食一片……」句，原本在「名曰追復」下，今據書鈔卷一四五、初學記卷十九、御覽卷八六二引文乙正。

⑭「名曰追復」上，原本有「其脯」二字，今刪。

4.西北荒①中有二金闕，高百丈，上有②銀盤③圍④五十丈。二闕相去百丈，上有明月珠，徑三丈，光照千里。中有金階西北入兩闕中，名曰天門。⑤

①「西北荒」，御覽卷八一一、事類賦卷九、類說卷三七引作「北荒」。按：東南荒經有「地戶」篇，與本篇相對稱，此處仍當作「西北荒」也。

②「上有」二字，原本作「金闕」，今據類聚卷七三、六帖卷四、御覽卷七五八引文校改。

③「銀盤」，御覽卷七五八、卷八一一作「金銀盤」。

④「圍」字，原本作「圓」，今據御覽卷八一一引文校改；類聚卷七三、六帖卷四、御覽卷七五八引，並作「廣」。

⑤原本有「埠按陸公佐新闕銘云：『北荒明月』，即此事。」雙行夾注。今按：梁陸倕，字佐公，所撰石闕銘一首，今見文選卷五六、類聚卷六二。

按：意林卷三、御覽卷二並引論衡佚文：「天門在西北。」河圖括地象云：「天不足西北，地不足東南；西北爲天門，東南爲地戶。天門無上，地戶無下。」易乾鑿度云：「乾爲天門，巽爲地戶。」諸說可相發明也。

5.西北荒中有小人〔焉〕①，長一寸②，〔圍如長〕③，其君④朱衣玄冠，乘輅車⑤，導⑥引，爲⑦威儀。人⑧遇其乘車⑨，抓而食之⑩，其味辛〔楚〕⑪，終年不爲蟲豸⑫所咋，并識萬物名字，又殺腹中三蟲⑬。三蟲死便可食僊藥也。⑭

①「焉」字，據御覽卷三七八、大典卷二九七八引文補。

②「寸」字，原本作「分」，今據初學記卷十九、六帖卷七引文、御覽卷三七八、廣記卷四八二校改。

③「圍如長」三字，據御覽卷三七八、大典卷二九七八引文補。

④初學記卷十九、六帖卷七、御覽卷三七八、大典卷二九七八引，並無「其君」二字。

⑤「輅車」，御覽、大典引，並作「軺車」。按：輅車，大車，天子乘車也；軺車，小車，駕一馬之輕車也。

⑥「導」字，原作「馬」，今據御覽卷三七八、大典卷二九七八引文校改。

⑦「爲」，御覽、大典引，並作「有」。按：經傳釋詞卷二：「爲，猶有也。」

⑧「人」，原作「居人」，今據御覽、大典引文刪「居」字。

⑨「乘車」，相感志卷六引，作「車乘」。

⑩「抓而食之」，廣記卷四八二作「抵而食之」，相感志卷六作「並而食之」，御覽卷三七八、大典卷二九七八則作「並食之」。按：廣雅釋詁：「抓，搔也。」俗謂以爪取物曰抓，其義後起。抵，與抵同，說文解字十二篇上：「抵，側擊也。」然本句蓋謂遇人、車，並取而食之，則以作「並食之」或「並而食之」爲是。

⑪「楚」字，據御覽卷三七八、大典卷二九七八引文補。

⑫「蟲豸」二字，據御覽、大典引文補；原本空闕。重編說郛本、增訂漢魏叢書本，並作「物」。

⑬「三蟲」，相感志卷六作「三尸蟲」。按：三尸，謂人體中之三尸神也，亦謂之三彭。雲笈七籤卷八一庚申部引三尸中經云：「人之生也，皆寄形於父母胞胎，飽味於五穀精氣。是以人之腹中，各有三尸九蟲，爲人大害。……上尸名彭倨，在人頭中，伐人上分，令人眼暗、髮落、口臭、面皺、齒落；中尸名彭質，在人腹中，伐人五藏，少氣多忘，令人好作惡事，噉食物命，或作夢寐倒亂；下尸名彭矯，在人足中，令人下關搔擾，五情勇動，淫邪不能自禁。」又卷八三引中山玉櫃經服氣消三蟲訣云：「既食百穀，則邪魔生，三蟲聚。」注云：「蟲有三名，伐人三命，亦號三尸。一名青姑，號上尸，伐人眼，空人泥丸。……二名白姑，號中尸，伐人腹，空人藏府。……三名血姑，號下尸，伐人腎，空人精髓。」

⑭「三蟲死……」一句，原本混入正文；唯相感志卷六、御覽卷三七八、大典卷二九七八引，並無此句，蓋爲注文，今改正。

6.西北海外有人（焉）①，長二千里，兩脚中間相去千里，腹圍一千六百里。但日飲天酒五斗，（張華云：天酒，甘露也。）不食五穀魚肉②，忽有饑時，向天仍飽③。好遊山海間，不犯百姓，不干萬物，與天地同生，名曰無路之人。（言無路者，高大不可爲路也。）④一名仁，（禮曰仁人。）⑤一名信，（禮曰信人。）⑥一名神。（與天地俱生而不沒，故曰神也。）⑦

①「焉」字，據珠林卷八、初學記十九引文補。

②「魚肉」下，原本有「唯飲天酒」四字，今據珠林卷八、御覽卷三七七引文刪之。

③「仍飽」，原作「仍飲」，今據珠林卷八引文校改；類聚卷七二、御覽卷三七七，並作「乃飽」。按爾雅卷上釋詁云：「仍，乃也。」

④「言無路者……」一句，據珠林卷八、御覽卷三七七引文補。

⑤「禮曰仁人」四字，據珠林卷八引文補；御覽卷三七七引作「禮曰仁也」。

⑥「禮曰信人」四字，據珠林卷八引文補。

⑦「與天地俱生……」一句，據珠林卷八引文補。

按：御覽卷九八九引神異經記曰：「西北荒有人，飲甘露，食茯苓。」疑即本則之節略，唯多「食茯苓」一事耳。

北荒經

1.北方荒中有棗林〔焉〕①，其高五丈②，敷張枝條數里③餘，疾風不能偃，雷電不能摧。其子長六七寸，圍過其長，熟赤如朱，乾之不縮，氣味甘潤④，殊於常棗。食之，可以安軀，益於氣力。故方書稱之⑤。赤松子云：北方大棗味有殊，既可益氣又安軀。⑥

①「焉」字，據要術卷十、類聚卷八七、御覽卷九六五、廣記卷四一〇、重修政和證類本草卷二三引文補。

②「五丈」，原作「五十丈」，今據要術卷十、類聚卷八七、政和證類本草卷二三引文校改。

③「數里」，類聚卷八七、政和證類本草作「一里」。

④「甘潤」，原作「潤澤」，今據要術卷十、類聚卷八七、御覽卷九六五、政和證類本草卷二三引文校改。

⑤「方書稱之」，廣記卷四一〇引作「方書云：此棗條枝，盛於常棗，亦益氣安軀。」

⑥「故方書稱之……」一段，語意與上文多重複，諸書皆不引，蓋為注文；原本混入正文，今改。

2.北方荒外①有石湖，方千里，〔無凸凹，平滿無高下〕②，岸深五丈餘，恆冰，唯夏至左右五六十日解耳。湖有橫公魚，長七八尺，形如鯉而〔目〕③赤，晝在水中，夜化爲人。刺之不入，煑之不死，以烏梅二七④煑之則熟⑤；食之，可止邪病。⑥〔玄黃經曰：橫公魚不可殺，唯加烏梅，其氣乃滅。〕⑦

①「外」字，原作「中」，今據類聚卷九、珠林卷三七、御覽卷六六、卷九四〇、卷九七〇、事類賦卷二六引文校改。

②「無凸凹……」一句，據御覽卷二三、卷六六引文校補。

③「目」字，據類聚卷八六、珠林卷三七、相感志卷十七、御覽卷六六、卷九四〇引文補。

④「二七」，原作「二枚」，今據類聚卷八六、珠林卷三七、御覽卷六六、卷九四〇、卷九七〇引文校改；相感志卷十七作「二七枚」。

⑤「熟」，原作「死」，據類聚卷八六、珠林卷三七、御覽卷六六、卷九四〇、卷九七〇、事類賦卷二六校改。

⑥「邪病」下，原本有「其湖無凸凹，平滿無高下」一句，今已移補於「方千里」之下，故刪之。

⑦「玄黃經曰……」一段，據御覽卷九四〇引文補入。

3.北方層①冰萬里，厚百丈，有磎鼠②在冰下土中焉。（其）③形如鼠，食（冰下）④草木，肉重萬⑤斤，可以作脯；食之，已熱⑥。其毛（長）⑦八尺，可以爲褥，臥之却寒⑧。其皮可以蒙鼓，（其聲）⑨聞千里。有美尾⑩，可以來鼠。此尾⑪所在，鼠輒聚焉。⑫

①「層」，類聚卷五、卷九五、初學記卷三、御覽卷七六六並作「曾」，御覽卷三四、卷八六二則作「增」。按：曾、增，並假借作層。凡物之重疊者，皆曰層。

②「磎鼠」，書鈔卷一三四、卷一四五、初學記卷七、卷二六、御覽卷三四、卷六八、卷九一一引，並作「鼷鼠」，六帖卷一則作「蹊鼠」。

③「其」字，據書鈔卷一五六、類聚卷五、卷九五、御覽卷三四、卷九一一引文補。

④「冰下」二字，據初學記卷二六、御覽卷七六六、卷八六二引文補。

⑤「萬」字，原本作「千」，今據書鈔卷一四五、類聚卷五、卷九五、初學記卷二六、卷二九、六帖卷一、相感志卷十、御覽卷三四、卷七六六、卷八六二引文校改。

⑥「已熱」下，書鈔卷一四五、御覽卷七六六、卷九一一引，並有注云：「除熱病也。」

⑦「長」字，據書鈔卷一三四、卷一五六、類聚卷九五、御覽卷三四、卷六八、卷七〇八、卷九一一引文補。

⑧「却寒」，書鈔卷一三四、初學記卷七、御覽卷六八引，並作「却風寒」；又「却寒」下，御覽卷九一一引，有注云：「治風病也。」

⑨「其聲」二字，據類聚卷九五、御覽卷九一一引文補。

⑩「有美尾」，原本作「其毛」，今據類聚卷九五、御覽卷七六六、卷九一一引文校改。

⑪「尾」，原作作「毛」，今據類聚卷九五、御覽卷七六六、廣記卷四四〇引文校改；御覽卷九一一引，作「尾毛」。

⑫「此尾……」一句，原本混入正文，今據類聚卷九五、御覽卷七六六、卷九一一，改作注。

4. 北海有大鳥，其高千里①，頭文曰天，胸文曰鷄②，左翼文曰鷖，右翼文曰勒，〔左足在海北涯，右足在海南涯；其毛蒼，其喙赤，其脚黑，名曰天鷄，一名鷖勒〕。③頭向東，止④海中央捕鯨⑤，〔魚死，則北海水流利。不犯觸人，不干物。〕⑥或時舉翼而飛，其羽相切，如雷如風⑦，〔驚動天地。張茂先曰：北海多鯨魚，而產子多，北海溢塞，故鳥食此魚，海水通流。〕⑧

①「里」，原本作「丈」，今據御覽卷九二七、廣記卷四六三引文校改。

②「胸文曰鷄」，原作「胸又曰候」，今據御覽卷九二七引文校改。

③「左足在海北涯……」一段，據御覽卷九二七引文補。

④「止」，原作「正」，今據御覽卷九二七引文校改。

⑤「鯨」，原作「魚」，今據御覽卷九二七引文校改。

⑥「魚死……」一段，據御覽卷九二七引文補。

⑦「如雷如風」，原作「如風雷也」，今據御覽卷九二七引文校改。

⑧「驚動天地……」一段，據御覽卷九二七引文補入。按：物類相感志卷七「鯨鷄」一則云：「此鷄去北海中捕食鯨，鯨魚死，則北海水流利。不犯觸人，乃不裕萬物。言北海多鯨魚，而產子多，滿塞北海。故天養此鳥，嘗吞之，使海通利。」未注出處，當係本篇，唯文字小異耳。

東北荒經

東北荒中有木，高四十丈①，葉長五尺，廣三尺，名曰栗②。其實徑三尺③，其殼赤，其肉黃白，味甜。食之〔多〕④，令人短氣而渴。

①「四十丈」，御覽卷九六四引，作「三十丈」。

②相感志卷十三引，標題曰「木栗」。

③「三尺」原作「三尺二寸」，今據要術卷十、御覽卷九六四引文校改。又此句，廣記卷四一一引酉陽雜俎，作「有殼，徑三尺三寸，殼刺長丈餘，實徑三尺」。

④「多」字，據要術卷十引文補。

中荒經

1.崑崙之山有銅柱焉，其高入天，所謂天柱也。圍三千里①，圓周②如削。下有回屋（焉，壁）③方百丈，仙人九府治所④，（與天地同休息。男女名曰玉人，男即玉童，女即玉女。⑤無爲配疋，而仙道成也。）⑥上有大鳥，名曰希有。南向，張左翼覆東王公，右翼覆西王母。背上小處無羽，一萬九千里，西王母歲登⑦翼上之⑧東王公也。（其喙赤，目黃如金。其肉苦鹹⑨，仙人甘之）⑩，（與天消息；不仙者食之，其肉苦如醷）⑪。故其柱銘曰：崑崙銅柱，其高入天，員周如削，膚體美焉。其鳥銘曰：有鳥希有，喙赤⑫煌煌⑬，不鳴不食；東覆東王公，西覆西王母。王母欲東，登之自通；陰陽相須，唯會益工。

①「圍三千里」下，說郛卷六五有「側徑千里」四字。

②「圓周」，原作「周圓」，今據水經卷一河水注、類聚卷七、御覽卷三八引文乙正。

③「焉壁」二字，據初學記卷二六、御覽卷八六三引文補。又「壁」字，類聚卷七、御覽卷九二七，並作「辟」。按：壁，垣也。辟，假借爲壁。

④「所」，原作「之」，今據御覽卷六七四引文校改；又水經注卷一、類聚卷七八引，並作「

九府治」，無「所」字。按：治所，猶今言辦公廳也，省稱曰治。御覽卷六七四引南眞說云：「崑崙山上有九府，是爲九宮。太極爲大宮。諸仙皆是九宮之官僚耳。」

⑤「男卽玉童，女卽玉女」八字，原混入正文，今依文意改爲注。

⑥「與天地同休息……」一段，據御覽卷一八七引文補；說郛卷六五引作「玉童玉女也，與天地同体（休）息。男女名玉人，男卽玉童，女卽玉女。無爲匹配，而仙道自成也。」末有注云：「言不爲夫妻也。」

⑦「歲登」，御覽卷九二七作「一歲再登」。

⑧「之」，增訂漢魏叢書本、百子全書本並作「會」。按：之，適也，往也，義可通。惟據下文鳥銘之「陰陽相須，唯會益工」句，似作「會」字較佳。

⑨「其肉苦鹹」，初學記卷二六引十洲記（？）作「其肉若（醢）醢」，相感志卷八、御覽卷八六三則作「其肉若醢」。按：醢，肉醬；醯，醋也。古代醯醢常連用，蓋醯所以和醢醬也。

⑩「其喙赤……」一段，據御覽卷九二七引文補。

⑪「與天消息……」一段，據初學記卷二六引文補。按：醷，梅漿也。

⑫「喙赤」，原本作「碌赤」，水經卷一河水注作「綠赤」，今據上文「其喙赤」校改。

⑬煌煌，光明貌。此形容希有鳥金黃之眼睛也。

2.（九府玉童玉女，與天地同休息。男女無爲匹配，而仙道自成。張茂先曰：言不爲夫妻也。男女名曰玉人。）

按：本則與上文原爲一篇，輯錄者誤分爲二，今旣移正，此處宜刪。又「張茂先曰……」一句，原混入正文，今改爲小字，以免淆亂。

3.東方有宮，青石爲墻，高三仞；左右闕①，高百尺，畫以五色；門有銀牓，以青石碧鏤，題曰天地長男之宮。西方有宮，白石爲墻，五色玄黃；門有金牓而銀鏤，題曰天地少女之宮。中央②有宮，以金爲墻，門③有金牓，以銀鏤，題曰天皇之宮。南方有宮，以赤石爲墻，赤銅爲門，闕有銀牓，（題）④曰天地⑤中女之宮。北方有宮，以黑石爲墻，題曰天地中男之宮。東南有宮，（以）⑥黃石爲墻，黃牓碧鏤，題曰天地少男之宮。西北⑦有宮，黃銅爲墻，題曰地皇之宮。

①「東方有宮……」一句，草堂詩箋卷七引作「東方有青明山，有宮焉，青石爲壇，高三仭，方四里，面一門，上三層皆爲左右闕。」

②「中央」，類聚卷六二、御覽卷一七三引，並作「西南」。按：初學記卷二四、淵海卷八並云：「西北裔外大夏山有宮，以黃金爲牆。」疑作「西北」爲是。

③「門」，御覽卷一七三作「闕」。

④「題」字，據類聚卷六二引文補。

⑤「地」，原作「皇」，今據類聚卷六二、御覽卷一七三引文校改。

⑥「以」字，據類聚卷六二、御覽卷一七三引文補。

⑦「西北」，類聚卷六二、御覽卷一七三引，並作「西南」。按：初學記卷二四、淵海卷八並云：「西南裔外老壽山有宮，以黃銅爲牆。」當以「西南」爲是。

4. 東方裔外有東明山，〔有宮〕①，以青石爲墻②。西北③裔外有大夏山，〔有宮〕④，以金爲墻。南方裔外有罔⑤明山，〔有宮〕，以赤石爲墻⑥。西南裔外老壽山，〔有宮〕，以黃銅爲墻。東南裔外闓清山，〔有宮〕，以青石爲墻。西方⑦裔外西明山，〔有宮〕，以白石爲墻⑧。蓋神仙之宅也。

①「有宮」二字，據初學記卷十引文補。

②初學記卷十引本句作「東方東明山有宮，青石爲牆，面一門，門有銀牓，以青石碧鏤，題云天地長男之宮。」初學記卷二七、御覽卷八一二引東方朔十洲記，並作「東方外有東明山，有宮焉，左右闕而立，其高百尺，建以五色，門有銀牓。以青碧鏤，題曰天地長男之宮。」

十洲記乃神異經之誤也。

③「西北」，原作「西方」，今據初學記卷二四、淵海卷八引文校改。

④「有宮」二字，據初學記卷二四、淵海卷八引文補；以下「南方……」句、「西南……」句、「東南……」句、「西方……」句，並同。

⑤「罔」字，原作「岡」，今據初學記卷二四、淵海卷八引文校改；御覽卷八一二作「闇」，疑係「闇」之訛。闇、暗通用。闇明，暗而不明也，與罔明之義相近。

⑥本句，御覽卷八一二引東方朔十洲記作：「南方有闇明山，有宮焉，有銀牓，題曰天地中女之宮。」十洲記，亦神異經之誤。

⑦「西方」，原作「西北」，今據書鈔卷一六〇、初學記卷二四、淵海卷八、草堂詩箋卷十二引文校改。

⑧「墻」下，原本有「皆有宮」三字，今刪。又本句，書鈔卷一六〇引作「西方裔外有西明山，其上無草木，有宮焉，白石爲墻，其高三仞四尺，有一門，上三層架，皆石爲左右闕。」

按：今據書鈔、初學記、御覽、淵海、草堂詩箋諸書引文觀之，本則與前則，原係同一篇；唐宋學者，割裂刪節以入類書中，後世輯錄者不察，遂分置兩處。惜諸書引文，節略不全，無從恢復原貌矣。

5.東北有鬼星石室，三百戶共一門①，石牓題曰鬼門。（晝日不開，至暮卽有人語，有火青色。）②西南銅闕③，夾牓題曰人往門；東北銅闕④，夾門牓題曰人來門。

①「共一門」，珠林卷十作「共所」。

②「晝日……」一句，據御覽卷八八三引文補；珠林巷十作「門晝日不閉，至暮則有人語，有火青色。」按：鬼，大抵晝隱夜出，當以「晝日不開」爲是。

③「銅闕」，原作「銅關」，今改。

④「銅闕」，原作「銅關」，今據御覽卷一八三引文校改。

按：今據論衡訂鬼篇、史記五帝本紀集解、後漢書禮儀注引山海經佚文，並云：「東海中有度朔山，上有大桃樹，蟠屈三千里，其卑枝間東北曰鬼門，萬鬼所出入也。」其說與本則近似。又無名氏黃帝宅經卷下云：「坤位人門，艮位鬼門。」坤位在西南，艮位在東北，與本則之西南人往門（離開鬼門）、東北人來門（進入鬼門），說法相應也。

6.南方有獸焉，角足大小形狀如水牛，皮毛黑如漆。食鐵飲水，其糞可爲兵器，其利如鋼①，名曰齧鐵②。玄黃經云：南方齧鐵，糞利如鋼③；食鐵飲水，腹中④不傷。⑤

①「鋼」，原作「剛」，據相感志卷十、御覽卷八一三、卷九一三引文校改。按：鋼、剛通用。

又「如鋼」下，相感志引，有「其溺可消銅鐵」六字。

②「醫鐵」下，御覽卷八一三有「谷云咋鐵」小字注。

③「如鋼」，原作「爲剛」，今據相感志卷十、御覽八一三引文校改。

④「腹中」，原作「腸中」，今據御覽卷八一三校改。

⑤「不傷」下，原本有「㙐按：今蜀中深山，亦有醫鐵獸。」附注。

7.（鬼門晝日不開，至暮卽有人語，有火青色。）

按：此與本經第五則「鬼星石室」，原係同篇；輯錄者不察，分置兩處。今旣據珠林、御覽引文移正，此處當删。又「火青色」，本作「青火色」，今一併校改。

8.西南大宛①有馬，其大二丈，鬣②至膝，尾委地，蹄如升③，腕④可握，日行千里，至日中而汗血。乘者當以絮⑤纏頭（腰小腹）⑥，以辟風病；彼國人不纏（也）⑦。

①「宛」字，原作「荒」，今據類聚卷九三、御覽卷八九七、分門集註杜工部詩卷十六、卷二三引文校改。又「大宛」下，類聚卷九二、分門集註杜工部詩卷十六引，有「宛丘」二字。

按爾雅卷中釋丘云：「丘上有丘爲宛丘。」

②「鬣」，原作「髯」，今據類聚卷九三引文校改。按：鬣，與鬛同，謂馬毛也。分門集註杜工部詩卷十六引，正作「鬛」。

③「升」，原作「丹」，今據御覽卷八九七引文校改；類聚卷九三、分門集註杜工部詩卷十六、卷二三引，並作「汗」。

④「腕」，原作「踠」，今據類聚卷九三、分門集注杜工部詩卷十六、卷二三引文校改。按：指掌以上爲腕。玉篇卷七：「踠，生曲腳。」然二字，形、音相近，俗多通用。要術卷六云：「蹄欲得厚而大，踠欲得細而促。」大宛馬，足以當之也。

⑤「絜」，類聚卷九三作「綿絜」。

⑥「腰小腹」三字，據類聚卷九三引文補。

⑦「也」字，據類聚卷九三、御覽卷八九七補。

9.北方①有獸焉，其狀如獅子，〔食虎〕②、食人。吹人③則病，〔羅人則疾〕④，名曰㺊。音恙。⑤恆近人村里，入人居室，百姓患苦，天帝徙之北方荒中。⑥

①「北方」，緯略卷一、草堂詩箋卷十、事物紀原卷十引，並作「北方大荒中」。

②「食虎」二字，據御覽卷九一三引文補。按廣韻卷四漾韻云：「㺊獸，如獅子，食虎豹及人。」疑卽取材於此則也。

③「吹人」下，御覽卷九一三引，有注云：「口中吹人。」又緯略卷一、草堂詩箋卷十、事物紀原卷十引，並作「咋人」。

④「羅人則疾」四字，據草堂詩箋卷十、事物紀原卷十引文補；緯略卷一引作「罹人則病」。按：羅、罹通用，遭也。

⑤「音恙」，緯略卷一、事物紀原卷十引，並作「㺊，恙也」；草堂詩箋卷十作「㺊者，恙也。」

⑥「天帝徙之……」一句，緯略卷一、事物紀原卷十引，並作「黃帝殺之，由是北方人得無憂疾，謂之無恙。」草堂詩箋卷十作「黃帝上章奏，天從之，於是北方人得無憂無疾，謂之無恙。」按：黃帝，五天帝之一，主宰中央。禮記月令云：「中央土，其日戊己，其帝黃帝。」是黃帝卽天帝也。又「由是北方人得無憂疾，謂之無恙」一句，疑係注文。

10. 西方深山有獸焉，面目、手足毛色如猴，體大如驢，善緣高木，皆雌無雄，名（曰）①綢②。須③人三合而有子。要路④彊牽男人，將上絕冢之上，取菓幷竊五穀食；更合，三畢而定⑤，十月乃生（子）⑥。

①「日」字，據史記司馬相如列傳索隱、相感志卷十、御覽卷九一三引文補。

②「綢」，史記司馬相如列傳索隱作「蜩」，相感志卷十作「𤞑」，「𤞑」下並有「俗云大𤞑」四字。

③「須」字，原作「順」，據相感志卷十、御覽卷九一三引文校改。按：須，俟也，待也。

④「要路」，相感志卷十作「群獸相遮要路」。

⑤「更合三畢而定」，相感志卷十作「三合陰陽而定」。

⑥「子」字，據相感志引文補。按：「要路彊牽男人……」一段，與上文語意重複，疑係注也。

11.不孝鳥，狀如人，身犬毛，有齒，猪牙，額上有文曰不孝，口下有文曰不慈，鼻①上有文曰不道，左脅②有文曰愛夫，右脅有文曰憐婦。故天立此異鳥③以顯忠孝也。

①「鼻」字，原作「鳥」，今據一切經音義卷四二、御覽卷九二七引文校改。

②「脅」，一切經音義卷四二作「輔」；下「脅」字亦然。按：輔，假借作酺，謂臉頰也。本篇所敍不孝鳥身上文字，集中在面部之額上、口下、鼻上等明顯部位，則此處作「輔」爲是。

③「鳥」原作「畀」，今據一切經音義卷四二、御覽卷九二七引文校改。

佚文

1.東方有人焉，人形而身多毛，自①解水土，知通塞，爲人自用，欲爲欲息，皆曰②是鯀也。（史記五帝紀正義）

①自，自然，天性也。

②「曰」下，原有「云」字，據史記會注考證校補卷一下刪。

2.西荒有人，不讀五經而意合，不觀天文而心通，不誦禮律而精當。天賜其衣，男朱衣、縞帶、委貌冠①，女碧衣、戴勝②，皆無縫。（太平御覽卷六八五）③

①「委貌」，御覽卷六九〇作「委皃」。按：貌、皃同。白虎通德論卷十云：「委貌者，何謂也？周朝廷理政事，行道德之冠，名士冠。……委貌者，委曲有貌也。」

②「戴勝」，御覽卷六九〇作「戴金勝」。按說文通訓定聲升部第二：「勝，假借爲縢。漢書司馬相如傳：戴勝而穴處兮。注：婦人首飾也，漢代謂之華勝。」

③本則並見書鈔卷一二八、卷一三五、御覽卷六九〇。書鈔引文甚簡略。

3.西方有人焉，不飲不食，被髮東走，已往覆①來。其婦恒追掔錄②之，不肯聽止；婦頭亦被髮。名曰狂，一名顛，一名覆，（一名風）③。此人夫妻，與天俱生，狂走東西，沒晝夜④。（太平御覽卷三七三）

①覆，通「復」字，又也，再也。

②掔，與「牽」通，持也。錄，取也。

③「一名風」三字，據御覽卷七三九引文補。按：狂疾曰風，今俗作瘋子。

④「沒晝夜」，原作「以投晝夜」，今據御覽卷七三九校改。又「此人夫妻……」一段，語意與上文重複，疑係注耳。

4.西荒中有獸焉，其狀如鹿，人面，有牙①，猴手、熊足，縱目、橫鼻，反踵，饒力，很惡，名曰惡物。此即鬼類也。②（一切經音義卷十二）

①「有牙」，相感志卷十引作「口有猪牙」。

②相感志卷十引文，末有「食之，可已積聚腹痛也」一句，疑亦注語也。

5.西方有獸〔焉〕①，長短如人，羊頭，猴尾，名〔曰〕②䃶䃶③。健行。（集韻卷十）

①「焉」字，據全書通例補。
②「曰」字，據全書通例補。
③集韻卷十陌韻：「䃶，直格切。」又：「䃶，鄂格切。或省作䃶。」

6.西北荒有石室，有百二十人①同居，齊壽千二百歲。②（太平御覽卷一七四）

①「百二十人」，類聚卷六四作「二十人」。
②本則與西北荒經第四則「金闕天門」，疑是同一篇，後世割裂零落，已無從復原矣。

7.西北金闕北荒①有百屋，齊長四十丈，畫以五色。②（太平御覽卷一八一）

①「荒」，疑係「方」字之訛。
②本則與西北荒經第四則「金闕天門」，亦是同一篇，惜乏相關資料，無從校補。

8.東北荒中有獸焉，其狀如羊①，一角，毛青，四足似熊。性忠而直，見人鬭則觸不直，聞人論則咋不正，名曰獬豸，一名任法（獸）②。今御史用法冠，俗曰獬豸冠也③。（太平御覽卷四九六）

①「羊」，開元占經卷一一六、御覽卷八九〇引作「牛」。按說文第十篇上云：「廌，解廌獸也。似牛，一角。古者決訟，令觸不直者。」論衡卷十七是應篇：「觟䚦者，一角之羊也。青色，四足，能知曲直，性識有罪。」後漢書輿服志云：「獬豸，神羊，能別曲直。」如牛、如羊，蓋皆據傳聞而云然。

②「獸」字，據開元占經卷一一六、御覽卷八九〇引文補。

③「今御史……」一句，原混入正文，今據開元占經卷一一六、御覽卷八九〇改注。

按：羅泌路史餘論卷四「解廌（獬豸）」篇云：「解廌，神羊也。……廌字，象獸有尾角及四足。蘇氏演義亦云：『毛青，四足似熊。性忠直，見鬥則觸不直，聞論則咋不正。古之神人以獻聖帝』。而神異經乃云：『獬廌，性忠，見邪則觸之，困則未止。東（北）荒之獸，故立獄陛東北，依所在也。』」所引蘇氏演義之說，蓋卽沿用神異經文字；又轉引神異經，內容與它書所錄稍有出入，今列此以備參照云。

9. 八荒之中，有毛人焉，長七八尺，皆如人形，身及頭上皆有毛，如獼猴，毛長尺餘，短生⿰生毛⿰麗毛①。見人則䀠②目，開口，吐舌，上唇覆面，下唇覆胸③。憙④食人舌鼻。牽引共戲，不與，即去。名曰髯公，俗曰髯麗。⑤一名髯狎⑥。小兒髯可畏也。⑦（太平廣記卷四八〇）⑧

①「⿰生毛⿰麗毛」，廣記原注云：「上音生，下音管。」按集韻卷二虞韻：「⿰麗毛，雙雛切，毛襍起兒。」則音「管」，不確，當云音「蔬」也。

②「䀠」下，廣記原注云：「古陌反」。御覽卷七九〇引作「狊」，注云：「苦鵙切」。按說文第四篇上云：「䀠，左右視也。」今通行作瞿。又第十篇上云：「狊，犬視貌。」

③御覽卷七九〇引，「覆胸」下，有「臨海水」三字。

④「憙」，廣記原注云：「許記反」。按：憙、喜，古今字也。

⑤「俗曰髯麗」四字，原作正文，今依全書通例改。又「麗」，疑當作「⿰麗毛」，傳寫有訛。

⑥「狎」，御覽卷三七三引作「猑」，並注云：「音昆」。按廣韻卷一魂韻：「猑，獸名」。

⑦「畏」字，疑是「狎」字之誤。又「小兒髯可畏也」六字，原作正文，今以意改爲注。

⑧廣記失注出處，今依御覽卷三七三、卷七九〇引文參校，確定爲本書所有；集韻卷二「⿰麗毛」字下引，註云東方朔說。

10. 八方之荒有石鼓〔焉〕①，其徑千里，〔蒙之以皮〕②，撞之，其音郎雷③也。天以此爲喜怒之威。（太平御覽卷十三、事類賦卷三）

①「焉」字，據御覽卷五八二、事類賦卷十一引文補。

②「蒙之以皮」四字，據御覽卷五八二、事類賦卷十一補入。

③「郎雷」，述異記卷上作「郎成雷」，御覽卷五八二、事類賦卷十一作「如雷」。

參考引用書目

毛詩注疏　漢毛公傳、鄭玄箋　唐孔穎達疏　藝文印書館影印本

禮記注疏　漢鄭玄注　唐孔穎達疏　藝文印書館影印本

春秋左傳注疏　晉杜預注　唐孔穎達疏　藝文印書館影印本

河圖括地象　清黃奭輯　黃氏逸書考本

易緯乾鑿度　漢鄭玄注　武英殿聚珍版書本

爾雅　晉郭璞注　商務印書館四部叢刊初編本

說文解字注　清段玉裁撰　藝文印書館影印本

說文通訓定聲　清朱駿聲撰　藝文印書館影印本

廣雅疏證　清王念孫撰、王引之述　廣文書局影印本

一切經音義　唐釋玄應撰　大通書局影印本

玉篇　宋陳彭年等重修　商務印書館四部叢刊初編本

廣韻　宋陳彭年等重修　藝文印書館影印本
集韻　宋丁度等撰　中華書局四部備要本
埤雅　宋陸佃撰　商務印書館叢書集成初編本
龍龕手鑑　遼釋行均撰　商務印書館四部叢刊廣編本
讀書脞錄　清孫志祖撰　廣文書局影印本

史記　漢司馬遷撰　唐裴駰等注　鼎文書局影印本
史記會注考證校補　日本水澤利忠著　廣文書局影印本
漢書　漢班固撰　唐顏師古注　鼎文書局影印本
漢書補注　清王先謙撰　藝文印書館影印本
後漢書　宋范曄撰　唐李賢注　鼎文書局影印本
三國志　晉陳壽撰　宋裴松之注　鼎文書局影印本
魏書　北齊魏收撰　鼎文書局影印本
北史　唐李延壽撰　鼎文書局影印本
隋書　唐魏徵等撰　鼎文書局影印本

舊唐書　後晉劉昫等撰　鼎文書局影印本
新唐書　宋歐陽修、宋祁撰　鼎文書局影印本
宋史　元脫脫等撰　鼎文書局影印本
路史　宋羅泌撰、羅苹注　中華書局四部備要本
水經注　後魏酈道元撰　商務印書館四部叢刊初編本
太平寰宇記　宋樂史撰　文海出版社影印本
北戶錄　唐段公路撰　崔龜圖注　十萬卷樓叢書本
荊楚歲時記　梁宗懍撰　中華書局四部備要本
玉燭寶典　隋杜臺卿撰　古逸叢書本
道藏源流考　陳國符著　古亭書屋影印本
日本國見在書目錄　日本藤原佐世撰　廣文書局影印本
崇文總目　宋王堯臣等撰　廣文書局影印本
直齋書錄解題　宋陳振孫撰　廣文書局影印本
宋史藝文志廣編　元脫脫等編　世界書局影印本
文獻通考經籍考　元馬端臨撰　新興書局影印本

四部正僞　明胡應麟撰　世界書局排印少室山房筆叢本
四庫全書總目　清紀昀等奉敕撰　藝文印書館影印本
四庫提要補正　胡玉縉著　木鐸出版社影印本
四庫提要辨證　余嘉錫著　藝文印書館影印本
史略　宋高似孫撰　廣文書局影印本

列子集釋　楊伯峻撰　明倫出版社影印本
晏子春秋集釋　吳則虞著　鼎文書局影印本
呂氏春秋　漢高誘注　藝文印書館影印本
淮南子　漢許愼、高誘注　藝文印書館影印本
論衡校釋　黃暉撰　商務印書館排印本
抱朴子　晉葛洪撰　世界書局排印本
齊民要術　後魏賈思勰撰　商務印書館四部叢刋初編本
唐開元占經　唐瞿曇悉達撰　四庫全書本
東坡物類相感志　宋僧贊寧撰　中央圖書館藏舊抄本

筍譜　宋僧贊寧撰　百川學海本
重修政和證類本草　宋唐愼微撰　商務四部叢刊初編本
北堂書鈔　唐虞世南撰　宏業書局影印本
藝文藝聚　唐歐陽詢等撰　文光出版社影印本
初學記　唐徐堅等撰　鼎文書局影印本
白氏六帖事類集　唐白居易撰　新興書局影印本
太平御覽　宋李昉等撰　商務印書館影印本
太平廣記　宋李昉等撰　文史哲出版社影印本
太平廣記校勘記　嚴一萍校錄　藝文印書館排印本
事類賦　宋吳淑撰　新興書局影印本
類說　宋曾慥撰　藝文印書館影印本
紺珠集　宋無名氏撰　商務印書館影印本
海錄碎事　宋葉廷珪撰　新興書局影印本
事物紀原　宋高承撰　商務印書館叢書集成初編本
錦繡萬花谷　宋無名氏撰　新興書局影印本

記纂淵海　宋潘自牧撰　新興書局影印本
說郛　元陶宗儀編　中央圖書館藏舊抄本
說郛　元陶宗儀編　張宗祥校　商務印書館排印本
永樂大典　明解縉等奉敕撰　世界書局影印本
法苑珠林　唐釋道世撰　商務印書館四部叢刊初編本
山海經校注　袁珂著　里仁書局影印本
西京雜記　舊題漢劉歆撰　商務印書館四部叢刊初編本
博物志　晉張華撰　士禮居叢書本
神異經輯校　清陶憲曾撰　二陶遺稿本
神異經研究　周次吉著　日月出版社排印本
海內十洲記　題漢東方朔撰　顧氏文房小說本
漢武帝別國洞冥記　題漢郭憲撰　顧氏文房小說本
玄中記　無名氏撰　古小說鉤沈本
述異記　題梁任昉撰　稗海本
酉陽雜俎　唐段成式撰　源流出版社影印本

文選　唐李善注　藝文印書館影印本
文苑英華　宋李昉等撰　新文豐出版公司影印本
先秦漢魏南北朝詩　逯欽立輯校　木鐸出版社影印本
分類補註李太白詩　宋楊齊賢註　元蕭士斌補　商務印書館四部叢刊初編本
草堂詩箋　宋蔡夢弼撰　廣文書局影印本
分門集註杜工部詩　宋無名氏輯　商務印書館四部叢刊初編本
集註分類東坡詩　宋王十朋撰　商務印書館四部叢刊初編本

後記

神異經問世，約有一千六七百年了。歷來或被當作地理之書，或被視爲神仙家之言；而其略帶誇大虛誕的風格，則令人將它與東方朔、張華等特異之士聯想在一起。因此，對本書的流傳，或多或少產生了負面的影響。

此書分量不重，卻存有內容已非原貌，經、文纏夾不清，字句闕脫譌誤等問題。爲了閱讀研究上的便利，重加董理校訂，似乎勢在必行。

近幾年來，我個人一直抱持著通盤整理，徹底解決的信念，從事中國舊小說的探討工作。此書是繼「搜神後記研究」之後，另一份小小的成果，希望專家學者惠予批評指正。

本書在印製過程中，蕭琪女士曾細心校對，文史哲出版社彭正雄先生鼎力協助。在學術研究的道路上，教導啟迪我的許多師長，則提供了奮力前進的勇氣與決心。在此一併致謝。